Tu veux vraiment t'installer à la campagne ?!

Aurélie **DELAHAYE**

Tu veux vraiment t'installer à la campagne ?!

De la même autrice

Embrasser l'inconnu,
Éditions Anne Carrière 2019, Éditions Pocket 2020

Donne-moi la main Menino,
Éditions Anne Carrière 2020

Dans la même collection aux Éditions Jouvence

Ça va merveilleusement bien, Ruby Elliot

Ça ne se fait pas d'en parler, Dr Yael Adler

*Achète-toi toi-même ces p*tains de fleurs,* Tara Schuster

Poursuivez l'aventure sur nos réseaux sociaux.

@sansfiltreeditions

Catalogue gratuit sur simple demande.

Éditions Jouvence
France : BP 90107 – 74161 Saint-Julien-en-Genevois Cedex
Suisse : Route de Florissant, 97 – 1206 Genève
Site Internet : **www.editions-jouvence.com**
E-mail : info@editions-jouvence.com

ISBN : 978- 2-88953-449-4

Couverture et illustrations : Charlotte Thomas
Maquette intérieure : Éditions Jouvence
Mise en page intérieure : Virginie Cauchy

À celles et ceux qui font la campagne.

À toi, qui rêves d'un coin de verdure.

À Philippe, avec qui je vis la grande aventure.

Ce livre n'est ni un témoignage ni une vérité, il est le fruit de voix de la campagne, la mienne parfois, mais aussi celles d'autres, que j'ai glanées çà et là.

Sommaire

PRÉREQUIS

LES PREMIÈRES FOIS

LES BONNES IDÉES DE LA CAMPAGNE

ICI C'EST GÉNIAL, À MOINS QUE LÀ-BAS CE SOIT MIEUX ?

Prérequis

1 -

Pour s'installer à la campagne, il faut être fou

Bonjour toi ! Toi qui rêves de verdure, de grands espaces, d'une vie différente, plus en accord avec tes valeurs, plus en lien avec la nature. C'est le bon livre que tu as saisi, celui d'une ancienne Parisienne qui s'est installée il y a quatre ans dans le trou du c*l du monde. Rappelons d'abord que le « trou du c*l du monde » est une notion toute relative. Peut-être auras-tu déjà l'impression d'y être en emménageant en bordure d'une grande ville française, simplement parce qu'une solitude t'envahit depuis que tu es ici, et qu'en plus, tu viens de voir passer un tracteur. Pour ma part, dans le village où je suis installée, il y a cinq cents âmes qui vivent (sans compter vaches et moutons, sinon on peut tripler la population), et de la verdure tout autour. C'est donc de mon expérience que je vais partir, mais rassure-toi, tu pourras sûrement t'y reconnaître, même si nos situations sont différentes.

Je vais commencer par te dire une chose : la campagne, c'est le meilleur endroit sur terre, je n'y ai jamais été aussi heureuse, et j'ai bien envie que tu viennes t'y installer, pour que, toi aussi, tu y trouves de la joie, et puis, parce qu'ici, il y a plein de choses à construire, à reconstruire (la campagne c'est sinistré, mais ça tu dois déjà le savoir, nan ?), donc plus on sera nombreux, plus on pourra bâtir.

Tu veux vraiment t'installer à la campagne ?!

J'ai bien envie que tu viennes, mais tu vois, je me dois aussi de te dire la vérité, parce que ce serait dommage que tu repartes au bout de six mois avec un goût amer, un compte en banque à moins quelque chose, un cœur en miettes, et une envie de tuer du regard tous ceux qui te diront : « J'ai trop envie de me mettre au vert ! ». Et que sur ton passage tu laisses un grand vide, des prix de l'immobilier qui flambent, et une image des citadins encore abîmée.

Alors voilà, j'ai décidé de t'écrire.

Déjà, sache une chose. Pour s'installer à la campagne il faut être fou : lâcher un boulot pour aller s'enterrer dans le trou du c*l du monde, faut *vraiment* être fou ! En même temps, il y a combien de matins où tu n'arrives pas à te lever parce que t'en peux plus de ce que tu fais au quotidien, ou parce que t'as l'impression de courir après ta vie sans profiter réellement ni d'elle, ni de tes proches ? Voilà, moi, je te le dis, c'est fou de s'installer à la campagne, mais ça me paraît bien moins fou que de rester dans ce monde de fous qu'ils nous ont inventé, où on doit mettre un réveil à 6 ou 7 heures pétantes, parcourir les couloirs du métro qui puent la pisse, où personne ne sourit, tout ça pour exercer un métier dont on peine à trouver le sens, ou qui nous comble d'un côté, mais vide toute notre énergie de l'autre. Alors on change de métier, et puis on change encore, et puis… on finit par tout couper, faire une formation, et aider les autres à trouver du sens dans leur métier (alors que nous, on s'est toujours demandé où il était). Ça, c'est vraiment fou.

Tu trouves que j'exagère ? Peut-être… C'est vrai, après tout, puisqu'on vit dans un monde de fous… on a besoin de gens qui nous aident à ne pas y perdre pied.

Mais revenons à la campagne. Je te le dis, parce qu'on va te le dire : tu ne vas quand même pas tout quitter pour une promesse de… rien du tout en fait. Rien ni personne ne t'attend à la campagne. Ah si, moi, mais moi, une fois que t'auras refermé ce livre, je vais te laisser face à ta solitude, tu sauras même plus pourquoi t'es là, et je n'assure pas le service après-vente. Bon, OK, j'en rajoute. D'abord il se peut qu'on discute un jour toi et moi, sur la Toile, où tu peux me trouver facilement, ou en librairie, où j'adore aller échanger. Ensuite… il n'y a pas que moi qui t'attends. Il y a aussi tous les autres, d'ici et d'ailleurs, qui essaient de construire un monde meilleur, un peu de solidarité, d'entraide, d'artistique. Ils auraient bien besoin de tes compétences et de ton énergie.

Tu sais, celles que tu mets tous les jours au service d'une entreprise dont tu ne sais même plus si ce qu'elle vend te parle ou pas. OK, peut-être que tu fais partie des exceptions, t'as un super boulot, mais juste, t'en peux plus de la fatigue, de la pollution, du métro, de ton trente mètres carrés (déjà, si t'habites dans « si grand », t'as vraiment de la chance), de ne pas pouvoir mettre grand-chose de côté à la fin du mois, de te demander si ce que tu manges ne va pas te coller une maladie d'ici quelques années, et sans parler de ça, t'aimerais juste retrouver le vrai goût des choses, et arrêter de courir après le moindre mètre carré d'herbe. Eh bien, donc, ici, à la campagne, tes compétences et ton énergie, on en veut bien. Mais je t'en reparlerai au chapitre 3, là où je t'explique que pour s'installer à la campagne il faut faire une croix sur sa carrière. Nan, mais, fais pas la tête, c'est un peu une blague. Mais pas complètement.

En tout cas, pour s'installer à la campagne, il faut être fou. Parce qu'à un moment, ça demande de faire le grand saut. Et ça, personne ne pourra le faire à ta place. Tu vas peut-être chercher, par tous les moyens, à sécuriser au maximum ta situation : trouver un boulot, une maison, un village qui bouge, avant de venir t'installer. Peut-être même que vous viendrez à plusieurs, en collectif (ça, je te le dis tout de suite, il faut être encore plus fou, je sais même pas comment t'as pu envisager un truc pareil ! Ah si, tu crois encore en l'humain ? Bon, OK, moi aussi...).

Voilà, tu prévoiras. Enfin, t'essaieras... Que tu aies réussi à le faire ou non, je te rassure, le résultat sera le même : il y aura plein d'imprévus. Oui, du début à la fin. Mais c'est la beauté de la vie, non ? À mon avis, le mieux que tu aies à faire, après avoir lu ce livre qui te fera entrevoir ce qui t'attend, mais seulement avec la tête, c'est de t'inscrire à un bon cours de méditation et de lâcher prise. Parce que c'est ça, s'installer à la campagne, accepter que l'on ne saura pas de quoi sera fait demain. La bonne nouvelle, c'est qu'à la ville non plus, et même dans le monde entier, on ne le sait pas. OK, demain, y a ton métro qui t'attend, mais t'es pas à l'abri que tout s'arrête du jour au lendemain. Le monde dans lequel on vit, il est incertain.

Probablement qu'il l'a toujours été, incertain, je ne suis ni historienne, ni scientifique. Mais par exemple, avec ce p*tain de coronavirus, on a compris ce que ça voulait dire vraiment, quand presque tous les pays ont mis leur économie et leurs habitants en quarantaine au printemps 2020 ! Puis qu'un « reconfinement » est arrivé, à l'automne. Ce livre, j'avais prévu de l'écrire bien avant, à vrai dire, j'en ai eu envie dès que je suis arrivée ici, fin 2016, parce qu'il y a eu tellement de galères, que j'aurais bien aimé avoir un livre de chevet qui me comprenne. Mais disons qu'il prend une autre dimension depuis le coronavirus, parce que c'était un peu la revanche des bouseux, ce premier confinement. Quand l'espace, le grand air, la nourriture, la nature, sont tout à coup devenus l'essentiel, cette fois, je n'étais plus « folle », mais « visionnaire » (*je me marre*).

Voilà ce que tu pourras leur dire, à ceux qui te diront : que c'est fou, que tu vas pas te lancer dans une aventure comme celle-ci alors que t'as jamais quitté la ville de ta vie, que tu ne sauras pas faire autrement parce que tu n'as jamais fait… tu leur diras que de toute façon, on en sait fichtre (oui, *fichtre* !) rien de la suite, du quotidien qui nous attend, qu'on sera bien obligés de s'adapter…

Alors autant avoir le droit de se construire la vie qu'on a envie d'avoir, même si elle est faite de hauts, de bas, de galères, de vide, parce qu'elle n'aura jamais été aussi belle.

2-

Pour s'installer à la campagne,
il faut être c*n

Ben oui... pour s'installer à la campagne, il faut être c*n... Qu'est-ce que tu vas aller faire au milieu de gens qui sont différents de toi ? Et puis, « les bouseux, c'est pas qu'ils soient c*ns, mais ils sont pas intellos, avec eux, tu vas te nécroser ! ». (Crois-moi, si je te dis ça, c'est parce que je l'ai entendu. Si cette phrase n'est pas prononcée autour de toi, je suis prête à parier qu'elle sera pensée par au moins une personne de ton entourage.)

Déjà, première nouvelle, tu apprends que tu es intello. Chouette ! Toi qui as longtemps pensé que tu n'arrivais pas à la cheville de [*insère ici le nom de la personne qui te donne toujours l'impression d'être complètement inculte... mais si, tu sais, avec sa confiture étalée superbement, et son regard de travers quand tu ne connais pas la couleur du cheval blanc d'Henri IV*]. Avouons-le, ça c'est un truc de la ville : on juge ! Ah nan, en fait, c'est universel, parce qu'à la campagne, c'est pareil. À moins que ça ne soit français (si tu viens de Belgique, de Suisse ou du Canada, tu es peut-être à l'abri). Mais à la ville, on juge sur le savoir, la réussite. À la campagne, on te jugera sur ce que tu sais faire de tes dix doigts (et aussi sur ce que l'on sait de toi, alors que tu ne l'as jamais dit à personne, mais ça, c'est une autre histoire, t'inquiète, on en reparle !).

Tu veux vraiment t'installer à la campagne ?!

Pour rassurer ton entourage, je vais te livrer un secret : des gens comme toi, tu en trouveras ! Comment ça, je ne sais pas comment tu es ? C'est vrai ! Mais sache qu'ici, y a de tout ! Des bourges, des bouseux, des prolos, des friqués, des beaufs, des babos, des intellos, des faiseurs, des glandeurs, des bêtas, des écolos, des viandeux, des végétariens, des pedzouilles, des néos, des matheux, des saltimbanques, des militants, des gauchistes, des fascistes, des pacifistes, des tristes, des joyeux, des jeunes, des vieux, de tout ! Il suffit de repérer l'endroit où ils se trouvent (pas toujours évident, parce qu'évidemment, comme il y a beaucoup moins de monde, il faut bien s'appliquer).

Je ne sais pas dans quelle case tu te ranges, et à vrai dire je m'en fiche. J'imagine que si t'as besoin d'air, t'as sûrement pas envie d'être dans une case d'ailleurs… Peut-être qu'il est là le fond du problème : les gens (dont moi, dont toi, et toutes ces petites voix autour de nous) ont des idées reçues sur ce qu'ils ne connaissent pas.

Alors le mieux qu'il te reste à faire, c'est d'aller à la rencontre de l'autre, de celui qui vit si différemment de toi, dont l'enfance et les idées d'aujourd'hui n'ont rien à voir avec les tiennes. Dont le quotidien est si éloigné du tien que tu n'avais même pas imaginé qu'il puisse être ainsi. Parmi ces autres, t'en trouveras en fait aussi des comme toi, avec des valeurs et des aspirations communes. Parce que finalement, l'endroit d'où l'on vient, ça ne fait pas tout.

Revenons-en aux idées reçues que l'on a sur les gens de la campagne. Par exemple, certains vivraient encore des années en arrière. Alors en fait… non. Tout simplement. Si t'affectionnes la permaculture, et que tu aspires à une vie un peu plus lente, il se pourrait même que ce soit eux qui se moquent de toi. « Ceux qui veulent revenir à avant, c'est qu'ils n'ont pas connu avant ! », te diront certains agriculteurs d'ici, du haut de leur gros tracteur, si gros que t'auras jamais l'occasion d'en avoir un pareil. Tu m'diras, eux non plus n'ont pas connu « avant » ! En fait si… quand ils étaient gamins, en regardant leurs parents se casser le dos, et ça les a marqués. Bon, vous aurez au moins un premier sujet de discorde, mais pas forcément celui que tu pensais.

De toute façon, des agriculteurs conventionnels tu vas en croiser ici (mais des paysans bio qui élèvent des poulets en batterie, aussi !). Certains ressembleront à ceux que tu vois à la télé, dans les reportages qui dénoncent (à juste titre) une agriculture abusive. Ils auront abattu toutes les haies, abandonné les élevages variés, rasé les petites cultures, et décidé de cultiver d'immenses champs à perte de vue parce que ça rapporte. Mais pour la plupart, ils n'auront rien à voir avec ça. Ici, il y a des gens qui aiment leurs bêtes, qui passent leur vie avec, qui les soignent, qui ne leur donnent pas de nom (parce que ça les rend trop tristes quand elles partent), mais ils leur donnent de l'herbe verte (bon, semée avec un peu d'engrais, parce que faut pas déconner non plus, elle pousse pas toute seule l'herbe !). Bref, vous ne serez pas d'accord sur tout, mais avec un peu d'effort, vous trouverez des terrains d'entente. Oh, je ne dis pas qu'il n'y a pas quelques personnes avec qui t'auras envie de t'écharper. Mais bon… Comme partout quoi.

Autre idée de la ville : en bon écolo que tu es peut-être, t'aimerais bien que les gens de la campagne luttent contre les trajets en voiture, plutôt que de se battre contre l'augmentation de l'essence ? Une fois ici, tu comprendras mieux, quand tu constateras que le train a été démantelé (mais effectivement, peu se sont battus contre cela), que le relief est bien trop corsé pour enfourcher un vélo (en tout cas je te le souhaite, parce que si tu t'installes dans la Beauce, bonjour l'agriculture intensive), et qu'on ne peut pas éviter de prendre la voiture pour aller au boulot ou même chercher son pain. Avec les kilomètres qu'on est contraints de parcourir, je peux te dire qu'on sent la différence au porte-monnaie, quand viennent les fins de mois.

On comprend aussi pourquoi on peut se sentir oubliés, et trouver ceux de la capitale déconnectés, quand on doit patienter bien plus longtemps qu'ailleurs pour avoir rendez-vous chez un médecin spécialiste. Le désert médical prend tout son sens. Sans parler des fois où un paysan arrive enfin devant le médecin et n'arrive pas à se faire expliquer de quoi il souffre, parce que « de toute façon ça ne servirait à rien, il ne comprendrait pas ». Et que dire des gens qui bossent du matin au soir et ont du mal à joindre les deux bouts, de ceux qui ont une toute petite retraite (et de celles qui n'en ont même pas, car leur travail a toujours été d'aider leur conjoint, ou d'élever et éduquer les enfants, et ça, ce n'est pas reconnu) ?

Nous, en bons citadins, on arrive en héros (évidemment, pas tous, peut-être même une minorité, mais comme tu le sais, ceux qui s'installent avec humilité font beaucoup moins de bruit que ceux qui débarquent avec leurs gros sabots). On va réinventer la vie, l'agriculture, tout ça. Et eux, ils vont attendre derrière leur fenêtre, à guetter le moment où l'on sera malhabiles de nos dix doigts, en se frottant les mains quand ça arrivera. « J't'avais dit ! Ils savent rien faire ces citadins ! » Puis ils se moqueront de nos utopies. « Ils sont naïfs, rêveurs, qu'est-ce que tu veux qu'on y change au monde, il est comme il est, il faut faire avec ! Faudrait déjà qu'ils soient heureux de ne pas endurer la misère, ils n'ont pas connu le travail sans machine, ni la guerre, ça s'voit ! » C'est pas qu'ils l'aient connue, eux, la guerre… Mais ils ont vu toute l'évolution depuis, et pour certains, ce serait vraiment aller contre le progrès que de faire autrement. Au fond, ils ont raison les gens d'ici : tant qu'on est citadin, on est complètement déconnecté de leur réalité. Alors pour la découvrir, il faut prendre le temps, créer des ponts. J'ai l'exemple d'une ferme collective qui s'est installée en bio sur un terrain, où, anciennement, il y avait un agriculteur qui élevait des vaches. Une mono-activité, en conventionnel, donc. Eux sont une dizaine, et proposent : de la viande, des légumes, de la bière, du pain, du fromage. Cette ferme a été transformée de la sorte grâce au dialogue instauré au préalable entre eux et la femme de l'ancien fermier. Même certains agriculteurs du coin viennent y boire un coup !

Ce lien entre « eux » et « nous », il peut d'abord se faire avec les papis et les mamies. Parce qu'ils ont plein de choses à nous apprendre, qu'ils ont du temps devant eux (même si certains voudront faire croire que non), que parmi eux il y en a qui savent observer la nature comme personne, et qu'ils nous y invitent, que d'autres ont des astuces d'antan qui finiront par se perdre si on ne prend pas le temps de les noter quelque part, et que, s'ils ont parfois des idées reçues sur des choses et des gens à propos desquels eux non plus ne connaissent rien, on leur pardonne plus facilement : c'est l'âge !

Moi je te l'dis, t'auras pas assez de toute une vie pour explorer tous leurs savoirs, alors entre deux bières artisanales avec tes potes néo, tu pourras t'intéresser à celles et ceux qui font la campagne depuis toujours, à leurs métiers, leurs jardins, leurs confitures, leurs conserves, leurs histoires. Je ne vais pas te mentir : oui, il y aura peut-être un fossé entre ces gens et toi, tout simplement parce qu'effectivement on ne vient pas du même monde. Ça ne sera pas tous les jours évident, parfois il faudra juste envoyer valser la relation, et d'autres fois, tu parviendras à trouver ce qui vous unit.

3-

Pour s'installer à la campagne, il faut faire une croix sur sa carrière

C'est vrai ! Vraiment vrai ! Pour s'installer à la campagne il faut faire une croix sur sa carrière. Et pourtant… c'est en y habitant que j'ai mis un pied dans celle dont j'ai toujours rêvé.

Cela mérite qu'on s'y arrête un instant, parce que ce qui nous retient le plus, dans notre décision de quitter la ville, c'est de savoir si l'on pourra exercer une activité qui nous plaît, et qui nous permettra de vivre correctement. Ça me paraît bien normal. Quel que soit l'âge qu'on a, on a envie de construire de belles choses, et de ne pas envoyer valser tout ce qu'on avait bâti jusque-là (ou ne serait-ce que la sécurité d'un toit et d'un emploi) pour rien du tout en retour.

Commençons par ceci : « Ici, y a plus d'boulot ! » C'est une réalité, la campagne est sinistrée. En te baladant dans les centres des petites villes et villages, tu verras de nombreux commerces qui ont mis la clé sous la porte ; en passant en voiture aux alentours, tu pourras apercevoir pléthore de supermarchés (si tu peux les éviter et soutenir les commerçants qui subsistent, c'est cool), qui côtoient des usines désaffectées ; et quand tu écouteras les gens du coin, ils te parleront des pantalons qu'on était fiers de fabriquer, avant, de toute l'animation qu'il y avait, dans l'temps (il y a trente ans seulement), avec ce fameux bar où l'on adorait finir les soirées, cette boîte de nuit où l'on s'éclatait entre potes, et ce resto qui était tout le temps bondé. Cela dit, la campagne s'anime à nouveau, des commerces rouvrent, des lieux sont réenchantés. Cela prend du temps, mais plus on sera nombreux, plus y aura d'initiatives et de besoins à satisfaire.

Avec ce constat, il va falloir envisager ton boulot autrement. Ou chercher les exceptions qui confirment la règle : il y en a, mais il faut s'armer de patience et de détermination pour les trouver. J'ai vu par exemple une jeune citadine appeler au culot un éditeur local qui a une bonne renommée. Il ne recrutait pas, mais il était à un moment charnière de son aventure, et il l'a embauchée. Hop, elle s'est installée à la campagne sans changer de métier. Tout est relatif, car il faut quand même s'imaginer qu'entre une entreprise locale et une nationale, les rôles que l'on peut endosser sont bien différents, mais c'est probablement cela qui est excitant ! On peut aussi travailler dans une entreprise de pointe, avec un poste plutôt classique, et faire carrière, cela existe. Ou alors décrocher une précieuse place dans une administration, une association, une bibliothèque, un centre d'animation, où les compétences sont les bienvenues. Il faut savoir bien chercher, patienter, et parfois accepter de parcourir des kilomètres pour se rendre au travail – tu me diras, pour ce dernier point, c'est aussi le cas lorsqu'on habite en périphérie des grandes métropoles…

Parmi les personnes qui viennent s'installer, il y a aussi celles qui travaillent de manière indépendante, ou salariée, mais sur un ordinateur depuis chez elles, sans jamais avoir besoin de voir quiconque (sauf… disons, une fois par mois, dans le pire des cas une fois par semaine, elles font leur aller et retour à la ville et c'est tout bon). Il leur reste quand même à affronter les galères du télétravail (cf. chapitre 14), mais on trouve toujours de quoi s'en sortir.

Il y en a qui s'interrogent, qui ne savent plus où est le sens de ce qu'ils font, où est leur place, et qui, pendant ce temps-là, acceptent de vivre de petits boulots, ou expérimentent des activités qui ne leur rapportent pas grand-chose, tout en vivant du chômage ou du revenu minimum (ça, ça fait jaser évidemment).

Le moment est venu de parler d'une autre réalité d'ici : la vie est moins chère. Si jamais tu arrives à faire fi des conventions sociales, gagner un SMIC, ça peut être très bien. Moi par exemple, je vis avec moitié moins que ça. Mais attention, j'ai un toit sur la tête, même s'il a besoin d'un bon coup de rénovation, et j'ai décidé de me serrer la ceinture, parce que j'ai envie de travailler, au quotidien, sur ce qui me semble juste, pour le monde et pour moi. Ici, j'ai pu devenir écrivaine. Ce choix, je n'aurais jamais pu le faire en ville, ou dans une région où le prix de l'immobilier est élevé. Sans aller jusqu'à vivre avec si peu, 1 000 euros par mois dans certains endroits sont vraiment suffisants – attention, tout dépend aussi de combien vous êtes chez toi, et de vos éventuels besoins particuliers. Tu pourras manger des légumes que tu n'as jamais mangés ailleurs pour beaucoup moins cher qu'à la ville, trouver du bio sans te ruiner, et après, ben… faudra faire des choix. Par exemple, je roule dans une voiture qui a coûté 500 euros. Je n'achète plus d'habits, je recycle ceux de ma famille, parce que je déteste le shopping, mais si ça n'était pas auprès d'eux, je pourrais chiner dans des endroits où l'on trouve des fringues gratuites ou pour quelques euros. Si t'as un bon réseau de copains, il est fort probable aussi que tu puisses récupérer tout un tas de choses auprès d'eux, et réciproquement. Si un jour tu décides de faire un enfant (cf. chapitre 16), n'achète pas d'habits, de poussette, de lit à l'avance, on t'apportera sûrement tout ce qui est nécessaire avant que tu aies le temps de dire ouf, et tu devras probablement encore faire un sac pour Emmaüs, tellement on t'aura donné. Le contexte aide à dépenser moins, parce que les magasins, il n'y en a pas tant, donc on n'est pas tenté, et les conventions sociales, elles sont quand même beaucoup moins fortes. La consommation en prend un coup, et ton porte-monnaie est content.

Et puis… il y a les grands projets : se reconvertir, apprendre à faire du pain, devenir forgeronne, brasseur, écrivaine, guide nature ; créer un nouveau lieu, une ferme biologique, une épicerie associative, un café-concert, une cantine solidaire, une cave à vin, un cabinet médical en plein désert, un food-truck bio-récup, une librairie indépendante, un gîte qui propose des retraites méditatives, une résidence artistique, une salle de spectacles, que sais-je ! Des projets, il y en a tant à inventer, et ils sont tous les bienvenus ! On ne demande que ça, d'avoir de nouveaux lieux à découvrir, d'élargir nos activités, de soutenir de beaux endroits en les fréquentant. Ici, quand quelqu'un boulange du vrai pain, avec des farines anciennes, un pain qui tient une semaine, comme dans l'temps, lorsqu'une autre débarque pour faire le même métier, il ne dit pas « voilà de la concurrence », mais « voilà de l'aide ». Parce que les consciences augmentent (doucement, très doucement, mais sûrement), parce que le bouche-à-oreille fonctionne, et que, mine de rien, quand on fabrique un produit qui envoie les gourmands au paradis, eh bien, on en récolte les fruits. Mais on n'a pas forcément envie de « croître » (la sacro-sainte croissance), de travailler plus ou d'embaucher. Non, on préfère continuer à boulanger deux fois par semaine, tout en ayant du temps pour son jardin, sa famille ou d'autres activités, et faire de la place pour les autres.

Malgré tout, il est essentiel, avant de s'y mettre, de se renseigner, de prendre contact avec ceux qui exercent déjà le même métier dans les environs.

Ne pas arriver en conquérant, c'est la clé.

Lorsqu'on crée un lieu, cette dernière notion devient cruciale. On ne construira pas un projet de notre côté, en pensant arriver avec la solution, sans avoir d'abord pris contact avec les gens du coin. Qu'ils soient là depuis toujours ou anciens citadins, qu'ils nous ressemblent ou pas. Il y en a, des jeunes de la ville qui ont débarqué après avoir fait un financement participatif, des pros de la communication qui ont réussi à obtenir plusieurs centaines de milliers d'euros, rachetant avec cet argent une ferme qui n'en valait pas la moitié, se tuant à la tâche les six premiers mois, essuyant un échec, repartant ensuite penauds, en laissant une flambée des prix de l'immobilier derrière eux. Il y en a, des retraités qui ont investi toutes leurs économies, contracté un énorme emprunt pour racheter un restaurant au prix fort (parce qu'il marchait du tonnerre) sans s'apercevoir que le bâti était vieillissant, qui ont changé toute la carte, augmenté le standing, et perdu la clientèle, pas un chat chez eux… Le village a fait une croix sur son dernier point de rencontre, et pour les heureux propriétaires, difficile de revendre.

Créer un lieu, il faut le faire avec humilité, curiosité. Vadrouiller, rencontrer, discuter, échanger, et pourquoi pas, d'abord, commencer petit, le temps de s'implanter, prendre racine.

Il y a de la place ici. Parfois, elle est dure à obtenir. Surtout quand il faut se battre, redoubler d'entrain et d'intelligence pour devenir paysan, obtenir un terrain alors que certains se liguent contre nous parce que d'anciens agriculteurs aimeraient l'acheter pour s'agrandir. À ce propos, tu sais que près de la moitié des paysans vont partir à la retraite dans les années à venir et que des milliers d'hectares vont se libérer ? Du coup, si t'as pas envie de voir les fermes à grande échelle et intensives se développer, n'hésite pas à encourager des vocations, dis à tes neveux et nièces de faire agro, ou vas-y, fonce vers la reconversion !

Ce n'est pas simple non plus, quand notre lieu novateur doit s'intégrer dans un paysage où rien de la sorte n'existe, où la mairie met des bâtons dans les roues des projets alternatifs, et l'on se sent si seul. Ou encore, quand, au contraire, les énergies sont là, qu'il faut les respecter : aller rencontrer l'autre café associatif pas loin, faire avec lui…

Le défi final, c'est d'arriver à mélanger les genres : ceux d'ici (vraiment d'ici), et ceux d'ailleurs. Ça, je l'ai rarement vu, mais quand ça se produit, c'est tout simplement magique. Tu sais quoi ? Je crois que c'est ainsi qu'on change le monde. Alors si t'as un rêve, des envies, je ne peux que t'encourager à te lancer, à pas de renard, et de tout cœur.

4 -
Pour s'installer à la campagne,
il faut aimer la nature

J'avais prévu de t'embêter encore, de te parler de toutes ces petites choses qui parfois vont te faire maudire la nature. Mais finalement je vais attendre. D'abord, il faut que je commence par l'essentiel.

On ne va pas se mentir, si t'es là, c'est parce que tu n'en peux plus de ne pas avoir vu un vrai ciel bleu depuis des lustres, tellement celui de ta ville est pollué. T'en as marre de ne pas apercevoir d'arbres depuis ta fenêtre, ou justement, t'aimerais bien faire plus que cela : les toucher, les embrasser. Tu voudrais t'allonger sur l'herbe et pas seulement le dimanche, dans ce parc où tu as posé ta serviette entre une famille, dont le bébé ne fait que pleurer, et une bande d'ados, qui vient de te frôler pour la troisième fois avec son ballon de foot. Tu voudrais de l'espace, de la nature, de la vraie. Les étoiles dans le ciel te manquent, tu les aurais même oubliées, si elles ne te sautaient pas aux yeux le premier soir de chacune de tes vacances, comme un symbole de liberté. Parlons-en, d'ailleurs, des vacances : depuis quand sont-elles devenues le seul moment où t'as la vie dont tu rêverais ?

Tu connais cette phrase, qui dit que l'idéal serait que l'on s'invente une vie qui nous plaise, et grâce à laquelle on n'aurait plus besoin d'attendre avec tant d'impatience les vacances ? Eh bien, la vie à la campagne, c'est un peu ça (mais attention tout de même de ne pas tomber dans le piège de ne plus prendre de vacances, on y reviendra).

Quand tu t'installeras à la campagne, tu pourras aller marcher tous les matins, au sein d'une nature qui t'offrira chaque jour un paysage différent, et tu n'en reviendras pas, qu'elle puisse tant varier tout en restant la même, qu'elle t'offre des spectacles que tu croyais dignes du plus grand luxe, et que tu n'avais pas imaginés faire partie de ton quotidien un jour…

Tu verras des oiseaux, hiver comme été. Leur venue, leur nidation, rythmeront tes observations, alimenteront tes conversations. La première année, tu achèteras sûrement un livre pour savoir qui ils sont, la deuxième, tu demanderas des jumelles pour ton anniversaire, la troisième, tu leur parleras, à tous, tu reconnaîtras leur chant, en fonction des différentes espèces, et certaines feront partie de la famille. OK, une famille un peu spéciale, qui ch*e sur tout ce qui se trouve alentour, la table du jardin et chacune des chaises qui la jouxtent, la balancelle sur laquelle normalement tu admires le paysage, le transat où tu aimes bien bronzer. C'est pas grave, il faut bien partager. Et le plaisir de voir une famille de rouges-queues noirs, une chouette chevêche, un couple de faucons crécerelles, vaut bien quelques petits sacrifices. Tu les nourriras l'hiver, et leur donneras de l'eau l'été. Leur présence est si précieuse. T'apprendras à repérer les signes de la naissance des petits, et à guetter chaque aller et retour des parents pour les nourrir. Tu te cacheras dans un coin de la grange, pour observer aux jumelles ce moment où ils viennent déposer l'asticot dans le bec. Puis tu verras les oisillons sortir du nid, apprendre à voler, petit à petit, avoir la flemme d'apprendre à se nourrir (les rouges-queues sont comme ça, par exemple, ce sont des Tanguy), se faire houspiller par les parents, qui finiront par leur montrer, dans ta cour, comment on chasse la nourriture. Tu passeras des heures à faire ça.

Toi qui détestais ce moment où ton réveil sonnait à 6 heures le matin, t'auras plaisir à sauter hors du lit dès l'aube pour observer le lever du soleil au milieu de la brume qui s'est engouffrée dans les collines. Peut-être que tu n'auras jamais rien vu de plus beau avant, ou alors c'était aux Baléares, et tu n'avais pas soupçonné qu'en France il puisse y avoir pareil paysage. Tu respireras un grand coup. Un bon air, qui ne sent rien, qui sent le frais, parfois la bouse de vache, et t'adoreras ça. Tu te demanderas comment font les gens qui sont au milieu des Klaxons, comment t'as pu, toi, y être si longtemps. Sur les petits chemins, tu croiseras des chevreuils, des renards ou des lièvres, tu t'arrêteras pendant ce court temps où ils s'offrent à ta vue. La nuit, tu apprendras à conduire doucement, à la période où ils traversent la route sans prendre garde.

Tu verras ton jardin changer au fil des saisons. Tu sauras quel temps il fait chaque jour, chaque instant, et la répercussion que ça a autour de toi, tu deviendras accro à la météo. Au printemps, tu guetteras le moment où tes arbres commenceront à bourgeonner, puis fleurir, avant de se parer de vert. Chaque fleur qui poussera dans ton jardin, t'auras envie d'apprendre son nom. Tu le feras ou pas. T'en cueilleras quelques-unes, pour celles qui sont nombreuses, tu les poseras dans un minuscule vase sur la table de ton salon, ça sentira bon, ça sera champêtre, ça viendra de chez toi, et ça t'épatera.

La nature, elle ne sera pas tous les jours gentille, tu te diras que c'est la moindre des choses vu ce qu'on lui fait subir, mais ce sera quand même difficile de le vivre pour de vrai. Quand la tempête soufflera et qu'elle abattra un de tes arbres pluricentenaires, pour la première fois tu pleureras pour un être qui n'est ni humain ni animal. Une fois que tu n'auras plus de larmes, tu te demanderas comment dégager le tronc qui barre le chemin, par lequel normalement tu pars de chez toi en voiture. Il se peut que tu ressentes le désespoir. On t'avait bien dit que t'étais dans le trou du c*l du monde ! Et voilà que ça prend tout son sens, quand un événement climatique te coupe de tout et de tous. J'espère que t'auras suivi mes conseils, de t'intéresser à ceux qui t'entourent, parce que seuls tes voisins paysans pourront te sortir de là.

Avant de te remettre de la mort de cet arbre, tu en planteras d'autres. Tu ne te demanderas pas si tu resteras ici suffisamment longtemps pour les voir grandir et profiter de leur ombre. Non, tu les planteras juste pour les planter. Pour les générations futures, pour la terre, pour les oiseaux, et tous les autres, ça sera ta manière de partager. Et puis, quand les premiers fruits pointeront le bout de leur nez à l'été, ce sera une bonne surprise, tu te diras que t'as donné et que tu reçois en retour, ça te fera du bien.

Aux chaudes journées d'été passées à vivre dehors, à manger des légumes gorgés de soleil, et à te baigner dans des étangs, succédera l'automne. Pour la première fois, tu seras au cœur de ce bouleversement, où tout change et s'en va pour laisser place au vide. Peut-être qu'il t'atteindra, alors tu seras d'humeur chagrine, quelques semaines durant. Ou au contraire, il t'inspirera, avec ses mille couleurs, témoins d'une nature qui se prépare à hiberner : elle, elle sait patienter, se mettre en pause, pour mieux se renouveler. Au fil des ans, tu apprendras à faire pareil.

Ainsi viendra l'hiver. Tu attendras la neige, qui tombera de moins en moins souvent. La réalité du changement climatique te frappera au fil des mois. Au milieu des immeubles, avant, tu ne le voyais pas tant. Tes arbres percevront une chaleur inhabituelle, en pleine période froide. Ils ne sont pas méfiants, et commenceront à se parer de bourgeons. Quand le gel viendra, ils perdront tout. Toi non plus, tu n'avais pas pris garde aux conséquences du froid. D'ailleurs, personne ne t'en avait parlé. Tu ne savais pas qu'il fallait regarder de près ton circuit d'eau, vérifier que tout était bien enterré à soixante centimètres en dessous du sol, constater que non, et isoler les tuyaux. Pour qu'ils ne gèlent pas, pour que tu ne passes pas plus d'une semaine sans eau (mais si ça t'arrive, ce sera une occasion d'aller toquer à des portes et rencontrer de bonnes âmes), pour qu'ensuite ils n'explosent pas au moment du redoux, arrosant allégrement tous tes cartons de livres que tu n'avais pas encore pu déballer.

Finalement, la nature aussi, il te faudra apprendre à la connaître. Parfois juste en l'observant, ou en lisant des livres, d'autres fois, en écoutant ceux qui ont tant à transmettre. Plus que tout, c'est le temps, l'expérience, qui feront œuvre. Tu te rendras compte, en accueillant ceux que tu aimes en vacances, qu'ils dorment mieux ici qu'ailleurs, avec cette paix qu'offre ta maison, qu'ils envient les paysages que tu vois au quotidien, et que tu sais des choses qu'ils ignorent, alors qu'avant, tu étais comme eux. Tu n'en tireras pas de fierté, mais juste un sourire caché, parce que c'était ton souhait, te rapprocher de la nature, et qu'elle et toi êtes si proches, maintenant, qu'elle fait partie de toi.

5 -

Pour s'installer à la campagne, il faut *vraiment* aimer la nature (parce que parfois elle t'en fera baver)

Maintenant qu'on sait que tu aimes la nature, que tu l'as apprivoisée, et réciproquement, que tu as compris sa puissance, et que tu la chéris en même temps que tu t'en méfies, il est temps de te parler de ses bassesses. Parce que la nature, parfois, t'auras envie de lui mettre un coup de kalachnikov ! Tu penses que j'exagère ? Attends de voir… et accroche-toi.

L'histoire commence une nuit d'hiver qui s'éternise. Tu veilles plus tard que prévu, sur ton ordinateur. Le silence règne, c'est ça, le bonheur de la campagne. Tes yeux piquent mais tu t'accroches à cet écran, jusqu'à ce qu'un bruit vienne t'interrompre. Un son étrange et inconnu. Tu ne sais pas d'où il vient, alors tu tends l'oreille. Ça semble provenir des tuyaux. D'abord, tu paniques. Est-ce que ce serait le signe d'un nouveau gel, d'une nouvelle cassure ? C'était il y a à peine une semaine, tu en as tellement bavé que la crainte que cela recommence te prend. Tu te lèves. Et, phénomène intriguant, au moment où tu brises le silence avec le mouvement de ton corps, le bruit s'arrête. Alors tu te rassois, et te replonges dans tes affaires. Pourtant, il serait vraiment temps d'aller dormir.

Mais voilà que le bruit repart, tu te relèves, il s'arrête de nouveau. Tu te rassois. Te relèves. Te rassois… Je ne sais pas combien de fois tu vas jouer à ce petit jeu avant de commencer à comprendre, moi, il m'a fallu un peu de temps. Te vient l'idée d'observer les tuyaux de plus près. Si vraiment ils sont prêts à exploser, il doit bien y avoir des signes, une petite fuite. Alors tu attrapes la carafe qui se situe juste devant eux, à gauche de ton évier. Et tu pousses un cri !

Elle a aussi peur que toi, et s'enfuit à toute allure. Tu voudrais réagir de manière adéquate. Tu la poursuis, mais tu ne sais pas comment t'y prendre avec elle. Un balai ? Mais non ! Ça lui ferait mal, et honnêtement, elle est tellement mignonne. Un bocal ? Tu en attrapes un et tu entreprends de la faire entrer dedans. Elle court le long des arêtes de tes murs, et toi tu lui cours après, on dirait Tom et Jerry, et tu as l'air aussi bête que lui, et elle, aussi maligne que l'originale. Voilà, elle t'échappe, ta première souris.

Reviens, petite !

Puisqu'elle n'est plus là, tu vas observer ce qu'elle faisait derrière la carafe, pour comprendre quel était ce bruit. Et là, tu souris. Et même, tu ris. Après avoir crié tout à l'heure ! Tu voudrais vraiment ne pas l'avoir croisée, qu'elle s'en aille de chez toi, mais tu dois bien admettre qu'elle est décidément trop mignonne. Le petit bocal que, négligemment, tu n'avais pas refermé, où tu avais mis des croûtes de fromage de côté pour les oiseaux… elle y a grimpé, a attrapé chaque croûte une à une, et en a fait un petit tas, dans le coin. Ses réserves.

Comment lui est venue l'idée que le coin de ta cuisine était une bonne cachette pour ses réserves ? Tu n'en sais rien, mais tu comprends ce que cela implique : elle se pense déjà chez elle. Et puisque tu vas refermer le petit bocal, c'est autre chose qu'elle va chercher, chaque jour. Je dis « elle » au singulier, mais tu connais la vérité, elles sont plusieurs. Sur les sites Internet, ils te diront qu'elles sont déjà des dizaines, des centaines, elles se multiplient à la vitesse de la lumière. Ne va pas sur Internet (de toute façon, ta connexion est pourrie).

Si toi non plus, tu n'aimes pas faire de mal aux animaux, tu vas d'abord passer à l'action de manière gentille. Le lendemain, tu mettras toute ta nourriture en bocal (j'aurais dû tout de suite te conseiller de le faire, plutôt que de te dire d'acheter des jumelles pour observer les oiseaux, nan mais oh, qui a dit que la campagne c'était de tout repos ?), tes légumes, tu les placeras un peu en hauteur, et tu feras en sorte qu'ils soient inaccessibles, tu rangeras ton pain dans le four (et un jour un de tes amis en vacances le fera brûler, parce que : « Qu'est-ce que fout ton pain dans le four ? »), et puis, ensuite, t'iras acheter des pièges à la Biocoop, de petites boîtes toutes mimi, où tu placeras une petite croûte de fromage, maintenant que tu sais qu'elle aime ça. Elle sera attirée, elle entrera, et pouf, le piège se refermera sur elle. Il ne te restera plus qu'à l'emmener loin, loin de chez toi (sinon, elle retrouvera le chemin), et à la regarder s'échapper gaiement dans les champs.

Mais oui, c'est ça… Et la marmotte, elle met le chocolat dans le papier.

Laisse-moi te dire, quand les gens d'ici nous font remarquer qu'à la ville on n'a pas le sens des réalités, ils ont parfois tellement raison.

Tu rêves !

La souris ne va jamais venir dans ta boîte, et ses copines non plus, et pendant ce temps-là, t'auras perdu une semaine, et elles seront devenues un million (mais non, restons calmes !).

Je ne vais malheureusement pas te donner la solution à ce problème. J'ai une amie qui a juré qu'elle ne tuerait jamais une souris, elle a trouvé des super pièges adaptés (son père était scientifique), avec lesquels elle arrive pour de vrai à les capturer vivantes. J'ai un autre ami qui fabrique ses propres pièges. Et puis il y a tous les autres, dont moi : on a fini par poser des tapettes. C'est régulièrement qu'il faut les utiliser. Elles ne sont pas mille, mais de temps en temps, quelques-unes s'introduisent, notamment à l'automne.

Oh, j'ai bien tenté un chat. Il regardait les souris passer devant lui, comme si c'était ses copines. En extérieur, il a fini par apprendre à les chasser, et à me les rapporter sur le pas de la porte. Le problème, c'est qu'un chat chasse aussi les oiseaux (et à moins que tu aimes les films gore, tu peux dire adieu au spectacle avec les jumelles). Je n'ai pas de solution miracle, tu trouveras la tienne. T'apprendras à relativiser aussi. Finalement, des souris, il y en a aussi en ville. Et puis cette brique de lait déchiquetée qui s'écoule sur ton plancher, tu n'y tenais pas tant. T'apprendras à ranger, boucher les trous, faire ta vaisselle en temps et en heure. Grâce à nos amies les bêtes, ça n'aura jamais été aussi nickel chez toi !

J'avais dit que je te parlerais des autres bêtes... Je suis vraiment cruelle... Mais comme j'ai juré de te dire toute la vérité. Eh bien... Si tu as des herbes hautes pas loin de chez toi, il te faudra apprendre à faire attention aux tiques (à t'en protéger, à te checker, et à les enlever en temps et en heure, pour éviter la maladie de Lyme). S'il y a de l'élevage autour de ta maison, au printemps, tu verras débarquer les mouches. L'été, viendra le tour des frelons, t'apprendras à ne pas faire pousser des fruitiers trop près de ta maison. Si t'as une grange, il se peut qu'un jour il y ait des rats (ne laisse jamais traîner la nourriture du chat).

Tu découvriras aussi la communauté des fourmis. Elles sont rusées, organisées, et avec le réchauffement climatique, elles débarquent de plus en plus tôt. Sur tes rosiers, tes aromates, tes fruitiers, elles font de l'élevage de pucerons. T'as intérêt à préparer des mixtures à base de savon noir, d'orties, de sureau. Faut pas se retrouver sans munition face à elles. Malgré ça, il se peut qu'elles t'empêchent de cueillir ta sauge et ta camomille, qui seront recouvertes de pucerons. Tu te diras peut-être qu'il faut partager. Jusqu'au jour où, tranquillement, elles finiront par s'installer chez toi. Une fourmilière dans ton beau mur en pierre que tu n'as pas encore rénové, où se logent tant de petits orifices par lesquels elles peuvent pénétrer. Moi, après quatre ans de cohabitation, j'ai fini par leur dégainer un piège qui bazouke toute la fourmilière.

J'ai eu envie de pleurer en le posant. Mais avant cela, je les avais chassées de longues semaines, de manière naturelle, elles avaient quand même réussi à œuvrer en cachette.

Peut-être que tu n'es pas aussi sensible que moi, finalement, des fourmis, c'est quoi ? C'est sûr, j'en connais qui s'arment d'une bombe pour chaque catégorie d'insecte et qui balancent à la première attaque. Mais est-ce qu'on est venu ici pour ça ? Peut-être qu'au contraire je te choque, à avoir cédé, j'aurais pu continuer à vivre avec tout ce petit monde. Tu feras ton expérience.

Moi, je voulais juste te prévenir.

Et te dire : malgré cela, ici, ça reste le meilleur endroit du monde.

6 -

Pour s'installer à la campagne, il faut aimer la solitude

Nous arrivons au dernier prérequis. Si tu coches cette case, tu pourras gaiement te chercher un endroit où t'installer ! Tu seras zinzin, concon, ta carrière sera pas jojo, et t'aimeras faire cui-cui. Tout va bien, non, tu n'es pas en train de sombrer, mais juste de te préparer à vivre « la solitude ». La vraie. La grande. Bonjour !

Tu te souviens, ces lundis soir qui ressemblaient à des dimanches, où, après avoir avalé tes pâtes en quatrième vitesse et enchaîné les vidéos débiles sur Internet, tu attrapais ton téléphone pour joindre l'un de tes amis : « Fred, vas-y, on sort, j'en peux plus ! Juste une heure ou deux, on rentrera pas tard ! » Tu repassais la porte de chez toi à 1 heure du matin, en zigzaguant presque autant qu'un vendredi soir, avec les yeux légèrement décalés des trous. Le lendemain matin, tu regrettais. Quatre jours encore à tirer au boulot, et pas une once d'énergie au compteur ! Le soir, tu te promettais de te coucher tôt, cette fois.

Eh bien, j'ai une super nouvelle pour toi : quand tu vivras à la campagne, tu ne connaîtras plus de décalque le lundi soir !

Tu sais pourquoi ? Parce que le lundi, tout est fermé. Mais je te rassure, tu n'en connaîtras pas non plus le mardi, ni le mercredi, ni le jeudi (attention, on reparlera du vendredi, là tu pourras accrocher ta ceinture, tu vivras peut-être de meilleures fêtes qu'avant). Parce qu'ici, la semaine, c'est mort. *Dead.* Vide. Pas âme qui vive. *Understand* ?

T'as peut-être des amis néo qui vont te faire croire le contraire. Ils te diront qu'ici ça bouge comme nulle part ailleurs (et c'est vrai aussi), que tu ne connaîtras pas la solitude. Mais ils mentent. Ils ont juste envie de te faire rappliquer (moi aussi, mais je préfère te dire la vérité).

Modérons tout de même le propos : d'abord, il y a des coins où le mardi tu peux sortir (super !). Ensuite, si tu débarques au printemps ou à l'été, il y a des chances que tu trouves des apéros assez régulièrement chez les uns et chez les autres (mais toujours pas de bar ouvert en semaine après 20 heures).

Maintenant, parlons des six autres mois, qui d'ailleurs durent généralement plutôt huit mois (et psychologiquement, ils peuvent avoir l'air d'être une année, voire l'éternité).

En fonction de l'endroit où tu t'installeras, tu verras la pluie tomber (parfois sept mois d'affilée), le froid s'installer (n'oublie pas les histoires de tuyaux), mais tu ne verras pas de passants passer. Tu sais, ces âmes que tu aimais bien regarder depuis la table de ta terrasse de café chauffée ? Ces âmes parfois errantes, d'autres fois si vivantes, dont tu inventais la vie en les observant. Oublie-les. Il n'y aura pas un passant. Ni sur la route qui longe ton grand jardin, ni au milieu du village ou de la petite ville où tu iras faire tes courses.

D'accord, j'exagère ! De temps en temps, tu verras un humain. T'auras envie de lui parler, de lui raconter ta vie, d'écouter la sienne, mais lui, il aura tant à faire, c'est l'hiver ! Il faut préparer la soupe (ben oui, ici, on ne mange pas du Liebig dégoûtant), rentrer du bois, faire manger les gamins (ah, je t'ai pas dit, il y a quand même beaucoup de familles dans le coin, je ne sais pas quelle est ta situation à toi… mais même en famille, la solitude existe, alors continuons).

Un jour, où tu te chaufferas devant ton feu, bien au fond de ton fauteuil, celui que tu as glané dans la grange et dépoussiéré – qui est devenu ton fauteuil préféré –, le regard porté au-dehors, à travers cette fenêtre que tu aimes tant, tu jetteras un œil à ton portable, car ça fait longtemps qu'il n'a pas sonné. Tu verras l'heure qu'il est, et tu t'apercevras que ça ne fait qu'une heure que tu es dans cette position. Cette phrase t'échappera alors : « P*tain mais on se fait quand même vraiment chi*r ici ! »

Tu m'étonnes !

Peut-être qu'à côté de toi, il y aura la personne qui partage tes jours, qui sera d'accord avec toi, ou peut-être qu'au contraire, cette personne sera joyeuse, et le désir de sortir boire un verre ailleurs, pour oublier, te prendra de plus belle.

Tu te lèveras d'un bond, avant de te rasseoir aussi sec (« P*tain, tout est fermé dans ce bled ! »). Tu te lèveras quand même à nouveau, et tu prendras la porte. T'as raison, va faire un tour. Prends ton imper quand même, parce qu'il pleut.

Sous la flotte, tu te mettras à penser à tous ces endroits où tu allais prendre l'air, quand tu en avais besoin, du temps où tu vivais en ville. Il y avait le café d'en bas, et puis le bar du centre, ou ce restaurant un peu plus loin, pour rejoindre une amie qui n'était pas vraiment voisine. En fait, tu passais ta vie dans ces endroits clos. Tu te demandais comment, un jour, trouver un peu de verdure, pour *vraiment* prendre l'air. Maintenant qu'elle est devant toi, et qu'il n'y a plus qu'elle, tu te demandes bien ce que tu vas en f*utre ! B*rdel !

On peut redevenir polis ou pas ?

OK. La pluie se calme un peu. Elle a fait naître autour de toi des tas d'odeurs, que tu humes avec plaisir. Elles te rappellent l'enfance, et ses douces heures, où tu avais le temps de traîner dans les prairies et dans les bois. Ça fait comme une madeleine. Reviennent aussi les rêveries qui occupaient cet âge. Oui, tu t'accordais le droit d'être dans les nuages, avant, et pas seulement pendant les vacances.

Ça vient sans prévenir, une nostalgie t'envahit.

C'est à ce moment précis que tu tombes sur Marguerite ! Bon évidemment, elle ne s'appelle pas Marguerite, il n'est pas c*n le voisin, il n'appelle pas ses vaches comme ça. Mais toi c'est le surnom que tu lui as donné, parce que ben… c'est une vache, quoi. Elle te regarde du coin de l'œil. Tu t'arrêtes en face d'elle. Elle reste immobile, de profil, elle te fixe, intriguée. Et toi, tu ris, tu ne sais pas pourquoi exactement, mais tu la trouves vraiment sympa. Des copines la rejoignent, et tu te mets à leur parler. « C'est grave, ça, de parler aux vaches ? », tu te demandes. T'inquiète pas, je t'ai déjà dit, il n'y a personne alentour.

Ici, il n'y a personne pour te voir.

Quand t'as un petit coup de blues, ça peut être embêtant, et va falloir apprendre à saisir ton téléphone pour partager une soupe en pleine semaine, de temps à autre, pour ne pas souffrir de la solitude. Mais le reste du temps… et si c'était une bonne chose, qu'il n'y ait personne ? À part certains voisins derrière leurs fenêtres dont tu vois le rideau se soulever, mais qu'est-ce que tu t'en fiches !

Personne pour savoir ce que tu fais de cucul, de concon, d'absurde. Personne pour te voir rire au milieu d'une forêt, juste parce que c'est le bonheur d'y être. Personne non plus pour juger tes rêves qui surgissent de l'enfance.

Et si… Et si tu osais ces pas de danse que tu as toujours voulu faire, maintenant que tu as un grand salon ? Et si tu prenais ce crayon que tu aimais bien faire glisser sur les feuilles de dessin jadis, si tu t'asseyais au milieu de nulle part pour méditer, si tu faisais des grimaces, des heures durant, devant ta glace, en imitant ta tante et ton grand-père à l'envi, si tu laissais tes pas te guider hors des chemins pour observer les petites bêtes, les grandes herbes, en découvrir le nom et les vertus ?

Si tu prenais le temps pour être toi ?

Oh ça ne viendra pas du jour au lendemain. Tu maudiras sans doute quelques soirs ce livre qui t'a fait venir ici, pourquoi déjà, juste parce que la couverture était belle, mais qu'est-ce qui t'a pris de l'écouter ? Le bruit te manquera parfois, le silence t'effraiera. Puis, petit à petit, tu l'apprivoiseras. Le stress que tu ressentais le soir, à la ville, il aura presque disparu. La lenteur que tu enviais à certains et que tu n'arrivais pas à adopter, elle fera un jour partie de toi. Tu découvriras des secrets en toi que tu avais oubliés et que le silence aura rapportés.

Je te jure, le jeu en vaut la chandelle.

Les premières fois

7 -

La première fois que j'ai allumé un feu

Elle était là, collée à l'un des murs de la maison, la cuisinière à bois Rosières des années 70, que l'ancienne propriétaire nous avait laissée. Je n'en avais jamais vu avant, et je ne comprenais pas pourquoi on appelait cela une cuisinière. Puis j'ai appris à m'en servir, et mes papilles ont dit merci : sur les plaques en fonte et dans son four, on y a fait la cuisine au feu de bois trois années durant, je ne me suis jamais autant régalée.

Mon affection pour cet objet n'est pas venue tout de suite, surtout lorsque j'ai pris conscience qu'il était le seul dans cette grande maison à pouvoir me chauffer, et qu'il n'avait pas servi depuis une année, l'ancienne propriétaire ayant peur de faire brûler la maison avec. J'ai gardé cette histoire en tête, tant et si bien que, parfois, je me suis levée la nuit pour vérifier que le conduit de cheminée ne s'enflammait pas, comme dans les cauchemars de celle qui m'avait précédée.

Nous nous sommes installés ici, mon compagnon et moi, au début de l'hiver. La maison n'était pas isolée. Elle était si froide que, lorsqu'on parlait, de la buée sortait de notre bouche. Les murs suintaient l'humidité. Une petite nièce en visite avait déclaré : « Je ne veux plus jamais revenir dans cette maison. »

Il était urgent de se chauffer.

Les deux premières semaines, je les ai passées au lit, clouée là par une sévère angine (CQFD). C'est donc mon compagnon qui s'est collé au rituel du feu. Mais mon tour allait venir, car j'allais bientôt vivre seule quelques mois, en attendant qu'il puisse me rejoindre.

Pour me donner le moral, il y a eu ces phrases prononcées par deux amies qui étaient venues me voir avant que mon compagnon ne rentre à Paris :

« Tu ne peux pas vivre ici ! Tu ne veux pas qu'on t'aide à trouver une solution de logement ? » Sachant que cette personne était une des plus baroudeuses que je connaisse, j'ai commencé à m'inquiéter.

« Oh ! Vos murs sont complètement mouillés à l'intérieur, vous êtes sûrs que vous avez bien fait d'acheter cette maison ? » Sachant que celle-là était architecte, j'ai vraiment flippé.

Mais je suis restée bien décidée à vivre chez moi. Je n'avais pas tout envoyé balader pour repartir à la première galère.

Ce premier matin seule, quand je me suis levée, j'ai donc déclaré l'urgence : mettre le cerveau sur *off* pour les questions existentielles, et apprendre à faire un feu. Il faisait huit degrés dans la maison, j'ai senti une petite boule au ventre en regardant le thermomètre.

T'es sûre que tu veux vivre ici toute seule ?

Mais chut ! J'ai balayé cette pensée et suis sortie chercher du bois dans la grange. Il était tout humide. Première leçon : penser à rentrer des bûches quelques jours à l'avance, pour qu'elles aient le temps de sécher.

J'ai pris aussi les rares morceaux de cagette que j'ai trouvés (comment font les gens qui en ont à foison ? Deuxième leçon : toujours prendre des cagettes, quand on range ses courses en caisse du magasin bio ; faire des stocks, comme font les souris), et du petit bois (troisième leçon : à ramasser au pied des arbres auparavant ; ça aussi, il vaut mieux penser à le rentrer pour que ça sèche !).

Et je m'en suis allée jeter tout ça, en vrac, dans la cuisinière à bois. J'ai ajouté un peu de papier journal par-dessus, j'ai fait craquer une allumette, et… évidemment, il ne s'est rien passé. Oh, je te vois te moquer. Peut-être que toi tu as fait les scouts et que tu connais l'art du feu. Et bien, voilà, moi pas !

Alors, j'ai commencé à réfléchir et à devenir méthodique. Première étape : déposer des boulettes de papier journal dans le foyer. Deuxième étape : disposer les morceaux de cagette et le petit bois par-dessus. Troisième étape : soigneusement poser une toute petite bûche en équilibre sur tout ça.

Quatrième étape : craquer une allumette.

Et puis espérer. Très fort !

Malgré tout cela, le feu n'a pas pris. Je n'avais presque plus de cagette, la matinée commençait à être bien entamée, et je n'étais toujours pas au travail. Mon ventre criait famine parce que je n'avais encore rien avalé, et je sentais une petite larme se former au coin de mon œil.

Tu vas quand même pas pleurer pour un feu ?

Non. Alors à la place, j'ai fait bouillir de l'eau pour un thé (parce que la vapeur d'eau a au moins l'avantage de réchauffer un peu la pièce), j'ai enfilé un troisième pull, grignoté un morceau, et attrapé le petit carnet de la maison, celui sur lequel nous avons raconté notre quotidien les deux premières années.

Jour 1, 10 heures du matin, 8 degrés, toujours pas de feu. Aucun humain à proximité, sauf le voisin sur son tracteur. Je ne suis pas au fin fond de l'Alaska, mais c'est tout comme. Le voisin est en tee-shirt, c'est normal, c'est un Inuit. Il faut que je trouve de l'aide avant de finir frigorifiée.

Ensuite, j'ai attrapé ma doudoune et mon ordinateur, et j'ai fui ! Vers une structure associative pas loin de chez moi. J'y ai trouvé une table près d'un radiateur, et le temps de me réchauffer, j'ai fait l'autruche et travaillé.

Le temps file, tu vas rentrer chez toi, il fera nuit, et tu n'auras toujours pas appris à faire un feu.

Mais qui me parle ?

Ah, je t'avais dit, la solitude de la campagne… Toi aussi tu vas vite te mettre à te parler à toi-même. Parce qu'évidemment, tu ne vas pas aller voir la gentille personne à l'accueil de l'association (ni même qui que ce soit d'autre) avec une phrase aussi insensée que celle-là : « Dis, tu fais quoi après le boulot ? T'aurais pas une petite heure pour qu'on aille boire un verre… euh, je veux dire, pour m'apprendre à faire un feu ? »

J'ai fini par écouter la petite voix qui me parlait, j'ai fermé mon ordinateur, reconnu qu'il y avait un peu plus important que de bosser, dans un moment comme ça, et je suis rentrée chez moi. Au moins, j'avais eu le temps de me réchauffer.

J'ai recommencé la manœuvre. Le papier en boulette, les morceaux de cagette, le petit bois qui pète, la bûchette, et enfin, l'allumette.

Le feu a pris. J'ai ouvert grand les aérations de cette grosse machine du passé, j'ai soufflé sur les minibraises (avec ma bouche, je ne connaissais pas encore le soufflet). Un petit peu, mais pas trop, sinon le feu s'éteint. J'ai pris un bâton (super équipée la fille), bougé doucement la bûchette pour la mettre au cœur des flammes, tout en veillant à ce qu'elle ne les étouffe pas. Et j'ai patienté.

Je suis restée une heure auprès de mon feu, avec ma doudoune et mon mental de guerrière, à observer les flammes grandir, puis presque disparaître, à intervenir de temps à autre. Le feu a fini par flamber. J'aurais pu simplement fermer le foyer et me remettre au travail. Mais à la place, j'ai continué d'observer cette magie qui se déroulait devant moi.

J'ai repensé à tous ces matins où je caillais dans mon trente mètres carrés parisien, où il me suffisait d'allumer le chauffage pour y remédier.

J'ai remercié intérieurement l'ancienne propriétaire de nous avoir généreusement laissé cet engin, au lieu de le vendre quelques dizaines d'euros sur Internet.

J'ai regardé ces flammes danser, avec une beauté sensuelle, vivace, hypnotisante. J'y ai trouvé de la poésie.

J'ai attendu, assise à côté de ma cuisinière à bois, que la température monte doucement. J'ai décidé que je voulais passer le plus clair de mon temps ici, près de la cheminée. Chaque matin, je me suis levée aux aurores, avec comme mission première d'allumer le feu. J'ai compris qu'il fallait oublier les grasses matinées, sinon, la maison refroidissait trop, qu'on ne pouvait pas simplement jeter une bûche puis partir, qu'il fallait veiller, materner, prendre soin, pour qu'à son tour, ce feu puisse nous le rendre. Alors, près de ces flammes, j'ai écrit mon premier livre, avec la même ardeur que celle que je mettais dans cette première tâche.

8 -

La première fois que j'ai découvert les chasseurs

Attention, sujet hautement sensible.

Pour tout te dire, je ne vais pas entrer dans les questions idéologiques. Parce que ce n'est pas le sujet du livre. Mais je voudrais tout de même attirer ton attention sur un point important. Quelles que soient tes valeurs et ton opinion sur la question de la chasse – il est fort probable que nous ayons les mêmes, d'ailleurs –, il faut que tu saches qu'ici, tu n'auras pas affaire à « la grande entité des chasseurs ». Celle qui fait du lobbying auprès du gouvernement, celle qui colle des affiches dans les couloirs du métro en se proclamant premier écologiste de France, celle qui se prétend être la représentante numéro un de la ruralité, celle qui fait même de la propagande à coups de vidéos pathétiques, et obtient des dérogations à tout-va pour échapper aux règles de l'État !

Ici, tu n'auras pas affaire à cette entité, mais à des humains.

Peut-être même que, parmi eux, il y en aura qui te seront chers, qui t'inviteront à leur table pour partager un petit vin liquoreux, qui te raconteront les histoires d'antan, leur jeunesse, leurs rêves déçus, leurs petits bonheurs, leur quotidien fait de simplicité et d'humanité. Peut-être encore qu'ils t'apprendront plein de choses sur la nature, qu'ils te laisseront caresser leurs bêtes et leur donner à manger, que tu te taperas des fous rires avec eux, et qu'ils seront tellement formidables que tu reviendras chez eux avec des amis citadins, parce qu'il faut que tout le monde ait la chance de les connaître.

Et puis, en partant, ils te fourgueront dans les bras un pâté de chevreuil, des œufs, ou un peu de biche à congeler. Parce qu'ils consomment tout ce qu'ils chassent, et partagent allégrement.

Voilà, ce que je voulais te dire, c'est qu'ici, t'auras peut-être des amis qui chassent.

Je t'entends, je t'entends, tu dis : « Moi, jamais ! » Dans le même temps, on me glisse à l'oreille que tout le monde n'a pas d'ami chasseur, que certains, dans le monde associatif, se font même un principe de ne pas en avoir, parce qu'ils doivent se battre pour que leur association existe et reçoive un peu d'aide, pendant que celle des chasseurs a tous les privilèges, sans en avoir ni la conscience ni la gratitude. D'autres, qui n'osent plus sortir en période de chasse, me parlent des jeunes, jouant les « gros bras », qui débarquent à toute vitesse dans leur 4x4 équipé de pare-buffle, semblant s'adonner à un safari, et s'octroyant tous les droits comme s'ils les avaient (scoop : en fait, ils les ont ! Et devine qui sont les responsables de cet état de droit ?). OK, je capitule. Des c*ns, il y en a partout. Le problème, en l'espèce, c'est que s'il y a des c*ns parmi les chasseurs, ils sont armés, et qu'une fois face à eux, t'auras du mal à dire si t'as affaire à des gens aussi intelligents, sensibles et chouettes que tes amis… ou à des c*ns. Pour t'aider à répondre à la question, certains chasseurs adoptent les gestes qui rassurent : lorsqu'ils te voient pénétrer dans le même espace qu'eux, ils plient leur fusil en deux, en sortent les balles, et le laissent reposer sur l'épaule, toujours plié, afin que la situation soit claire : ils ont vu ta présence, et ne tireront pas.

Passons donc au sujet que je voulais aborder : celui des balades sur les chemins de campagne, à pied ou à vélo, des cueillettes de champignons en pleine forêt, des instants de grâce et d'immobilité face à un lever de soleil ou à un animal sauvage. Toutes ces belles choses qui peuvent être perturbées par la saison de la chasse.

La première fois que j'ai découvert les chasseurs, c'était au bord d'un lac. Je marchais main dans la main avec mon amoureux. Nous avons levé les yeux vers le ciel, d'un bleu parfait, parce que deux oiseaux le traversaient (« Sont-ce des canards mon amour ? » « Oui, je crois bien ma mie » « Oh, qu'ils sont beaux ! »). Quand… « PAN » ! Nous venions d'entendre un coup de feu (oui, je mets des sous-titres). Notre regard s'est porté sur l'autre rive : un chasseur nous faisait face. Aussi incroyable que cela puisse paraître, c'est dans notre direction qu'il venait de tirer, sur les jolis canards qui passaient au-dessus de nos têtes ! (En l'air, mais tout de même !) J'étais tellement choquée que j'ai voulu aller dire deux mots à ce tireur d'élite. Lui, a filé avant que j'y parvienne, sûrement peu fier de son coup (qui n'avait atteint ni les canards ni les tourtereaux, ouf).

D'une nature assez optimiste, je me suis dit que cela devait être assez rare de voir pareil rustre tirer sans précaution. Mais cet événement s'est niché dans un coin de ma mémoire… jusqu'au suivant.

Un matin d'automne, je marche, comme je le fais tous les jours, une petite heure autour de chez moi, pour chercher l'inspiration, et un peu de paix.

Un joli chevreuil vient se dresser devant moi, il est sorti d'un sous-bois. Je m'arrête pour l'observer. Un autre le rejoint. Je souris de cette chance, car je n'en ai jamais vu d'aussi près. D'habitude, mes pas les surprennent lorsque j'arrive à cet endroit, et ils s'enfuient en dandinant des fesses. Là, je les regarde, et je commence à leur parler. Ils semblent absorbés par mon discours. La campagne est devenue ma seconde nature, je parle le chevreuil ! Je suis si fière, que cette fois, je ris…

Et « PAN » !

« PAN » ? Comment ça « PAN » ? Mais d'où est venu le coup de feu ? Je suis toute proche des deux animaux sauvages, et je ne vois rien. Celui qui a tiré doit être caché dans des feuillages, d'où il nous distingue difficilement, les chevreuils et moi ! Quelqu'un tire à l'aveugle à travers le sous-bois !

Les chevreuils s'enfuient, et moi je crie. « Je suis là ! Je suis une humaine ! Ne tirez pas ! » J'ai l'impression d'être dans un mauvais feuilleton. Je reste figée quelques instants.

Pour finir mon tour, il me faut traverser ce sous-bois. J'avance donc, en criant toujours, car rebrousser chemin doublerait mon temps de parcours, et le travail m'attend. Je finis ma marche sans voir les chasseurs, ni entendre « PAN » à nouveau.

Les jours suivants, je décide d'enfiler un gilet jaune. Mon compagnon se moque doucement de moi (pourtant, quelque temps après, je le vois faire de même pour aller aux champignons). Sur le moment, je me dis : « Je ne vais quand même pas sortir comme ça, que va penser le voisin ? » Mais je préfère avoir l'air ridicule, que de ne plus avoir l'air du tout. Insidieusement, l'idée que je pourrais prendre une balle, et mourir, se fraie un chemin dans mon cerveau.

En allant me promener.

Sérieusement ?

Oui, sérieusement.

Elle s'installe même si bien que je me vois faire demi-tour, à peine sortie, pour venir chercher mon téléphone portable – alors que je déteste me balader avec, le but étant de déconnecter. « Si jamais j'étais blessée, il faudrait que je puisse vite appeler les secours. Et si je mourais avant leur arrivée, il faudrait au moins que je dise à l'homme que j'aime qui m'a fait ça, pour qu'il les poursuive en justice et qu'il gagne. »

Tu l'as compris, je suis romancière. C'est vrai, il m'arrive de me faire des films. Je te défie cependant de sortir l'esprit léger en période de chasse – note d'ailleurs que je t'encourage plutôt à rester sur tes gardes.

Maintenant que j'ai mon gilet, je marche, sans trop me faire de soucis, tant que je suis bien en vue. Mais dès que je passe près du maïs qui a poussé tout l'été, je commence à chanter. Haut et fort. J'invente des chansons pour faire taire la peur et signaler ma présence.

Je suis devenue le petit chaperon jaune. Mais pour l'instant, il n'y a pas de loup, il n'y a que des balles.

Jusqu'au jour où…

Toujours sur ce petit chemin qui finit par la traversée du sous-bois, j'entends résonner des coups de fusil. Je suis encore loin, et tout semble circonscrit à ce coin de bois. Le moment venu, je pourrai donc annoncer ma présence, afin de passer. Mais voilà qu'un autre bruit se fait entendre. Des loups ! Ils aboient comme s'ils étaient à la poursuite de quelqu'un. Ce sont les chiens de chasse. Je n'ai pas pris de bâton pour leur faire peur (je n'ai même pas idée de si cela marcherait), je n'ai que mon gilet auquel m'accrocher. La peur commence à m'envahir et à me tétaniser. Les aboiements des chiens se rapprochent.

Un chasseur doit savoir tenir ses chiens, mon ami me l'a appris. Oui mais… Je me souviens de toutes ces histoires de gens gravement mordus par des chiens. Et si ces chasseurs ne savaient pas tenir les leurs ? Et s'ils me prenaient pour du gibier ?

Je ne veux même pas y penser, je rebrousse chemin, et m'enfuis en courant. Je rentre chez moi bien plus tard que prévu, mais en vie…

C'est incroyable, n'est-ce pas, toute cette histoire ? Comment est-il possible d'avoir peur lorsqu'on vit dans un endroit où aucune bête sauvage ne pourrait nous faire du mal… à part l'homme ?

Depuis, j'ai changé mon trajet, j'évite le sous-bois. Mon compagnon est parfois étonné :
— Tu mets plus de temps qu'avant, non ?
— Oui, oui, c'est normal, je fais la grande boucle.
— Ah bon, le petit chemin n'est plus entretenu ?
— Oui, c'est ça.

Je garde secrets mes cauchemars de balade, mais lorsque j'en parle autour de moi, je découvre que certains n'osent même plus sortir marcher. La solution ? Chanter, danser, se parer de couleurs vives, et étudier sa route. Et puis, bien entendu, faire entendre sa voix ailleurs. Pour qu'il n'y ait pas que celle de la grande entité qui résonne.

9 -

La première fois que j'ai croisé quelqu'un de mon village

La première fois que j'ai croisé quelqu'un de mon village, par chance, j'avais bien en tête l'histoire de la grenouille à la grande bouche.

Tu as déjà entendu parler de cette grenouille, qui se fait dévorer par un crocodile à force de trop parler ? C'est une histoire qu'on me contait souvent, quand j'étais petite, à l'âge où l'on est sans filtre, que les mots sortent de notre bouche spontanément, sans que l'on se méfie de ce que l'on peut dire ou ne pas dire…

Avec les années, on apprend à se taire, tant et si bien qu'à la fin on en vient à se demander où est passée notre spontanéité. On la cherche, on voudrait la retrouver, alors on use de tous les moyens, parce qu'elle est importante, elle est la clé de notre fraîcheur, de notre créativité, et de bien d'autres trésors que l'on a en nous.

C'est super mignon tout ça…

Mais alors, ici, si tu pouvais oublier tes années de réflexion sur l'enfance, et la manière dont la société, l'environnement familial et l'environnement scolaire nous brident, si tu pouvais mettre de côté tes séances de psychanalyse, de psychothérapie, tes cours de danse, de théâtre, de dessin, tes heures de mandala, enfin, bref, tout ce qui a contribué à te libérer, et retenir une seule chose : *SHUT THE F*CK UP.*

Oui, c'est vraiment dommage de mettre tout ce travail sur toi à la poubelle. Surtout que quelques pages plus en amont, je t'ai dit que la campagne allait t'aider à te laisser aller, à renouer avec ta solitude (et c'est vrai !). Mais à partir de maintenant, il va falloir que tu sois double, il y aura ton toi qui se libère, et celui qui apprend à se refréner. À se refréner sévère, hein. Une fois que tu auras acquis ce savoir, ne te pense pas à l'abri, parce qu'il te reste un entourage, et que cet entourage a également besoin d'années d'entraînement pour arriver à lutter. Et puis, même si tout le monde sait se taire, il reste les « on dit », « il paraît que », « nan c'est pas vrai ?! », « mais si j'te jure ! », « oh là là ne m'en parle pas », « mais parle-m'en quand même, je ne dirai rien promis ». Tu vois comment ça circule dans une famille ? Ben là, c'est un peu pareil, c'est ta « grande famille de la campagne ». *You're screwed !*

Tu te souviens, dans les films, quand la caméra arrivait dans un village, que l'on devinait un petit monsieur posté derrière une fenêtre, qui soulevait doucement le coin de son voilage pour observer qui passait ? C'était dans les films, hahaha, c'était marrant. Mais qui fait ça, aux fenêtres des immeubles citadins ? Personne ! À part les voyeurs (et ceux-là, c'est sûr, on ne les aime pas). Eh bien, le petit rideau qui se soulève, ici, à la campagne, c'est notre ami. On en parle dans les déjeuners, en rigolant, on mime même les jumelles, que l'ombre derrière le rideau pourrait saisir, pour y voir d'encore plus près. On dit ça pour rire bien sûr, mais ça reste présent dans l'inconscient, si bien que parfois, on finit par faire attention à la manière dont on se comporte dans son propre jardin. Pire, dans sa propre maison. Figure-toi que, même toi, après quelques mois d'adaptation, tu vas te mettre à lever la tête, quand des voitures passent sur la route qui jouxte ton grand pré. La personne qui vit avec toi te dira : « Qui donc vient de passer ? » Si personne ne vit avec toi, tu te surprendras à penser : « Mais je ne connais pas cette voiture, qu'est-ce qu'il fait là, lui ? » ou « Elle n'était pas partie en vacances, elle ? » Et tu t'apercevras que, toi aussi, te voilà dans l'engrenage de la « grande famille de la campagne ». Tu épies tes voisins et notes tout ce qui se passe d'inhabituel. Oh, tu peux me dire que ça ne t'arrivera pas, à toi, on en reparle !

Revenons-en à la première fois que j'ai croisé quelqu'un de mon village. C'était quand j'habitais seule. Enfin, entendons-nous, j'étais avec mon compagnon, mais il n'était pas encore là. Je sais, tu es déjà au courant, puisque je te l'ai dit précédemment, mais je préfère te le répéter, parce qu'apparemment, ça n'est pas si facile à comprendre.

— Et pourquoi il n'est pas là ?
— Tu sais quand il va pouvoir te rejoindre ?
— C'est pas trop dur d'être toute seule ?
— Mais c'est sûr qu'il va revenir ? Enfin on sait jamais quoi…

Euh, mais si on sait, en tout cas, moi, je sais… « Allô, mon amour, tu vas finir par arriver, n'est-ce pas ? Nan, nan, je ne doute pas, c'est juste que… Mais oui, je me fais du souci pour rien, ne t'inquiète pas. »

La première fois que j'ai croisé quelqu'un de mon village donc, ce quelqu'un est venu vers moi. Alors, poliment, j'ai donné mon prénom, mais visiblement cela n'était pas nécessaire : « Oui, je sais, tu es *la Parisienne.* Tu vis à tel endroit, tu as un compagnon, mais il n'est pas encore là, parce que lui, il fait tel métier, n'est-ce pas ? Oh, t'inquiète, je t'ai pas épiée, c'est juste que je connais Untel, l'oncle d'Unetelle, qui elle-même est la sœur de cette personne qui connaît bien cette autre qui habite à quelques kilomètres de chez toi, et qui lui a dit que… » En quelques minutes, mon identité était déclinée, mon passé évoqué, mon futur presque dessiné, sans que je sache à qui j'avais l'honneur de m'adresser. Ce jour-là, je n'ai fait qu'une chose : fermer ma bouche, sciée (et amusée) que j'étais par le niveau d'information que possédait mon interlocuteur. Il m'a quand même demandé ce que je faisais ici, j'ai commencé à parler des paysages verdoyants, des petits oiseaux du matin, tout ça… jusqu'à ce que je remarque qu'il ne m'écoutait pas. Je me suis donc arrêtée, et il a précisé : « Nan mais qu'est-ce que tu fais, *comme boulot* ? » Retiens ça : c'est la question primordiale ici. Si tu arrives avec un projet bancal, apprends vite à le présenter comme quelque chose d'hyper carré, ou alors, invente quelque chose.

— Eh bien, je suis écrivaine.
— Ah génial, et tu as écrit quoi ?
— Euh… Rien, j'en suis à mon premier livre.
— Ah.

Un autre jour, quand j'ai recroisé ce quelqu'un de mon village, il est venu tout de suite à ma rencontre :

— Alors, tu as trouvé du boulot ? La dernière fois qu'on s'est parlé, tu m'as dit que tu en cherchais.
— Non, non, je t'ai dit que j'écrivais un livre.
— Oui, enfin…
— Eh bien ça y est, j'ai écrit mon premier livre !
— Ah. C'est bien, ça t'occupe. De toute façon, t'as raison, y a ton compagnon maintenant, non ?

Ce regard est-il bien différent en ville ? Pas nécessairement. Mais ce qui est nouveau, c'est le fait que toutes ces interrogations viennent de parfaits inconnus. Parce qu'ici, tout le monde connaît tout le monde.

Il y a des gens que cet état de fait indiffère. Tant mieux pour eux. Il faut tout de même faire attention, car des ragots peuvent faire boule de neige, et un beau jour éloigner les gens les uns des autres, sans qu'on sache pourquoi c'est arrivé. Pour ma part, donc, je garde un œil sur tout cela. D'autant que je suis écrivaine, que j'ai eu la bonne idée d'écrire un livre qui racontait une partie de mon histoire, et donc, indirectement, j'ai donné le bâton pour me faire battre. Et voilà que je recommence ! Je veux bien ne pas faire la grenouille à la grande bouche, mais mon travail et ma passion c'est de raconter des histoires…

Plus tard, j'ai compris une chose : la boucler, c'est bien, mais l'ouvrir en filtrant les informations, pour savoir lesquelles faire passer, c'est encore mieux, ainsi, tu satisfais la curiosité, tout en gardant la maîtrise de ce que tu dévoiles. Lorsque tu es au milieu d'une conversation, qui a l'air en apparence banale, chaque petite phrase que tu prononces, laisse-la prendre son temps, fais-la monter d'abord à ton cerveau, analyse les multiples conséquences possibles, avant de la laisser sortir, mot par mot pour une dernière vérification. C'est un jeu d'équilibriste, mais on apprend à s'y faire, avec le temps. Bien que, parfois, je rentre chez moi en me demandant pourquoi je n'ai, encore une fois, pas réussi à me taire. Des années d'entraînement en face, alors il faut être indulgent avec soi-même.

Et reconnaître aussi qu'il y a des choses qu'il faut bien apprendre à dire. Sinon, comment va-t-on vraiment rencontrer l'autre ? Comment va-t-on construire des ponts entre nos mondes, donner une chance aux idées, aux points de vue, de se mélanger, et qui sait, de s'unir ? Oui, il faut parler. Petit à petit. Apprendre à se taire pour laisser le lien se créer. Faire émerger ce qui nous unit, éviter ce qui fâche. Et puis, un jour, mettre un pied dans la porte. Si elle ne se referme pas, mettre un autre pied, une prochaine fois. Accepter aussi que l'autre nous ébranle, qu'il bouscule nos certitudes. Devenir une grenouille à la petite bouche.

10-

La première fois que j'ai dégainé la visseuse-dévisseuse

J'ai un compagnon qui sait tout faire de ses dix doigts, qui n'a pas peur d'apprendre sur le tas, et ce depuis presque toujours (même s'il dira le contraire). Alors souvent, je complexe sur mon rôle à jouer dans notre maison en travaux (s'il n'y a pas de travaux à faire dans la tienne, tu verras, il y a quand même toujours quelque chose à bricoler). D'autant que moi, je n'ai jamais rien fait de manuel dans ma vie, à part des colliers de nouilles, et des boîtes de camembert transformées en boîtes à bijoux, pour ma mère. Ah ! J'exagère. Dans mes dix années de célibat parisien, j'ai accompli l'immense tâche, qui me donnait la sensation d'être Wonder Woman, et dont je me suis longtemps glorifiée (auprès de moi-même uniquement, je te rassure), de monter des meubles en kit, toute seule. J'avais même acheté une « boîte à outils », composée de trois pauvres trucs, qui, à la campagne, se sont avérés bien inutiles.

J'ai un ami (un homme donc, preuve que ce problème n'est pas une question homme/femme, ou pas uniquement en tout cas, j'y reviendrai dans la suite du chapitre) qui, de toute sa vie, n'a fait que des choses liées à l'intellect, et qui, comme moi, se retrouve régulièrement immobile au milieu de son salon, à se poser la question de son utilité sur terre.

Alors, d'abord, j'ai une bonne nouvelle : si toi aussi tu es un manche, sache que l'on peut y remédier.

Ensuite, j'ai une autre bonne nouvelle : si toi aussi tu es un manche, tu peux aussi reconnaître que le bricolage n'est pas forcément ton truc, et apprendre à faire avec (enfin sans, en l'occurrence).

Je m'en vais maintenant te conter ma rencontre avec le bricolage, le vrai. Un soir de grand froid, les tuyaux d'eau de la maison ont gelé, et je me suis retrouvée sans eau. Je sais, je te l'ai déjà dit. Mais je ne t'ai pas encore raconté le courage dont j'ai fait preuve. Un grand, un immense courage. J'ai regardé ma gourde, elle était bien remplie, alors j'ai filé au lit, confiante. Demain, le soleil serait là, et l'eau reviendrait, c'était aussi simple que ça. J'en profiterais pour faire des réserves d'eau, et tout irait bien, le temps que la météo soit plus clémente.

Toi, tu sais sûrement déjà que rien ne s'est réchauffé, parce que le soleil ne suffit pas, il faut que les températures remontent, et ce n'était pas le cas. Il y avait une petite réserve d'eau destinée aux oiseaux, dans mon jardin. Elle avait gelé. Je me souviens de l'avoir regardée chaque matin rester de glace, pendant cinq jours, alors qu'elle était en plein soleil.

Bien foutue la nature.

Il y a donc des fois où tu ne peux pas fuir, tu dois affronter ton incompétence. Tu maudiras peut-être ces moments, mais en réalité, ce sont eux qui vont tout t'apprendre. Parce que, si tu es comme moi, il n'y a qu'au pied du mur que tu iras vraiment mettre les mains dans le cambouis.

J'ai tout de même attendu la journée entière, des fois que le soleil fasse des miracles. Était-ce de la procrastination ? Une insouciance naïve ? Une conscience aiguë de mon ignorance crasse ? Ou tout ça à la fois… Toujours est-il que le soir venu, j'étais toujours sans eau, mais avec des réserves faites auprès de mon association favorite, et une douche prise, aussi chez eux.

Une fois la nuit tombée, j'ai passé des coups de fil, et pu récolter quelques informations sur le sujet, histoire, déjà, d'arriver à comprendre ce qu'il se passait. Puis, je me suis retroussé les manches.

Je me suis retrouvée dans le noir total de la grange et du grenier (des endroits sympathiques qui n'évoquent ni les fantômes, ni les bêtes monstrueuses ; qui sont, de surcroît, emplis de bruits rassurants : le grincement du chambranle en ferraille, le hululement des oiseaux de nuit, la course folle des souris alertées par ma présence).

J'ai chanté. Je me suis dit des mots rassurants. Je crois que je n'ai jamais autant parlé seule qu'à cette époque-là.

Mais qu'est-ce que je faisais au milieu de tout ça ? Eh bien, j'essayais, avec une source de chaleur, de réchauffer les tuyaux. J'enlevais leur isolation de fortune, je tentais de les dégeler, puis je leur refabriquais une isolation, un peu plus robuste cette fois-ci. J'ai fait ça des heures, jusqu'au milieu de la nuit.

Puisque tu commences à me connaître un peu, tu dois te douter que ça n'a rien changé à la situation. Bingo ! Les tuyaux sont restés gelés.

Mais là n'était pas l'essentiel. Tant pis pour l'eau, la douche, les chasses d'eau (c'était avant les toilettes sèches, bien sûr), tant pis pour les allers et retours à faire des réserves… Je venais de découvrir quelque chose d'important : moi, la première de la classe, nulle en sport et en travaux manuels, je pouvais faire quelque chose de mes dix doigts, et aussi, j'avais su vaincre ma peur pour subvenir à mes besoins primaires.

J'étais épatée !

Rien n'est perdu, je te dis…

Puis sont venues les choses sérieuses, à plusieurs. Soit avec mon compagnon, soit avec des amis, parce qu'il faut bien apprendre.

J'ai enfilé un bleu de travail, et j'ai commencé à découper des planches de bois à la scie sauteuse. Au début ça fait peur, faut bien ranger tes doigts, faut aussi couper droit. *Spoiler* : tu n'y arriveras pas la première fois, alors entraîne-toi sur des choses qui peuvent rester en zigzag sans que ça te chagrine.

Mais au fur et à mesure que ce que tu fabriques prend vie, ça donne une satisfaction hors du commun.

Oui, c'est moi qui ai créé un tuteur pour mon rosier. C'est moi qui ai découpé toutes les cales de bois, qui les ai trouées au foret, puis peintes, et vissées sur la maison. Ma plante survit grâce à moi ! Alors qu'il n'y a pas si longtemps, je ne savais même pas ce qu'était un foret !

C'est moi aussi qui ai pris le tracteur pour y entasser toutes ces planches de bois pourries qu'on avait entreposées dans la grange, et les transporter jusqu'au feu de joie que l'on a fait dans le jardin avec mon compagnon. À chaque aller et retour, j'avais l'impression que mon cerveau éliminait tous mes soucis un à un et les remplaçait par… rien du tout. J'étais concentrée sur la longueur des planches – pour ne pas les faire tomber de la remorque, en passant les portes de la grange –, sur le feu qui brûlait avec beauté, sur ces vieilleries qui partaient en fumée. Le tracteur en plein air, c'est meilleur que la méditation ! C'est dans ces moments-là que je me dis : « P*tain, je suis de la campagne ! »

Pourtant… je ne bricole pas tant que ça. Après avoir remarqué que j'en étais capable, j'ai aussi dû me rendre à l'évidence : ce n'est pas mon truc favori. Oui, ça vide la tête, ça remplit de satisfaction, de fierté, d'espoir (tu te rends compte, si je peux fabriquer des bouts de maison avec mes mains, je suis en route pour l'autonomie, et un jour, je saurai tout faire !). Mais voilà, je ne sais pas, j'ai l'impression que mon corps n'est pas assez entraîné à l'effort, je lui inflige des douleurs parce que je commets des maladresses dans ma posture, et dans ma manière de faire (je n'ai pas « le geste idéal », tu vois). Alors, la plupart du temps, je range une part de mon féminisme au placard, et je passe la main à mon compagnon.

Mais je vais te parler d'une amie, et te dire qu'elle n'est pas la seule : il y a tant d'autres exemples. Quand elle a quitté la ville, elle ne faisait jamais de sport, elle n'avait jamais planté un clou de sa vie, et son corps était tout mou. Pour faire court, elle était encore moins douée que moi.

Ici, il a fallu qu'elle apprenne à se débrouiller, car elle vit seule. Quand elle a commencé à se faire mal chaque fois qu'elle bricolait, elle s'est mise au sport. Au vrai, celui qui muscle. Elle a regardé des tonnes de tutos sur Internet, chaque fois qu'elle était démunie devant une tâche ou un problème. Elle a suivi quelques formations, participé à des chantiers collectifs. Lorsqu'un problème survient, elle ne baisse jamais les bras. Aujourd'hui, elle a de super beaux muscles, un savoir qui fait mon admiration, un corps tonique, et elle trimballe avec elle un enthousiasme à toute épreuve : rien ne lui fait peur, parce qu'elle sait qu'elle peut affronter la plupart des galères.

Quant à moi, moi qui me trouve si nulle et manchote, je vais te parler de ce matin-là, où j'ai vu le parc à tomates s'écrouler. Nous l'avions créé tous les deux, mon compagnon et moi. Mais il était parti pour quelques jours. Ma cousine était là, en visite. Nous étions en train d'avaler nos tartines du matin, lorsqu'on a remarqué les dégâts de la tempête de la veille. Le vent avait soufflé si fort qu'il avait fait tomber tous les piquets que nous avions plantés, et dévissé les barres de métal que nous y avions fixées. Les pieds de tomates étaient à l'agonie, et si nous ne faisions rien, ils allaient mourir avant le retour de mon compagnon.

J'ai demandé son aide à ma cousine. J'ai sorti les outils, et nous nous sommes mises à la tâche, toutes les deux. J'ai su lui dire quoi faire, comment, à quel moment (moi qui d'habitude attends toujours les instructions). Et quand elle m'a vue dégainer la visseuse-dévisseuse de la même manière que Calamity Jane sort son pistolet, j'ai lu l'admiration dans ses yeux. Elle n'avait pas idée de l'utilité de cet engin, et encore moins de la manière de s'en servir. Et moi, je le maniais avec aisance.

Alors, tu vois, petit à petit, vivre à la campagne, c'est une révolution, quel que soit le point duquel tu pars, et celui auquel tu arrives.

11-

La première fois que j'ai mangé une tomate (pour de vrai)

À l'instant où je t'écris, je suis sur une chaise, dans mon jardin, par une chaude soirée de septembre. Quand j'aurai fini mon chapitre, je vais aller rejoindre mon compagnon. Il sera en train de faire cuire des saucisses de porc au barbecue, elles seront accompagnées de courgettes du jardin, et peut-être que je ferai une petite salade de tomates à côté. Je les ramasserai juste avant le repas, elles seront gorgées de soleil et elles n'auront jamais eu aussi bon goût.

Des années que je connais ce fruit, la tomate, sans y avoir jamais vraiment prêté attention. D'abord, je l'ai confondu avec un légume. C'est ce qu'on m'avait appris à la cantine, mais il faut dire aussi que la tomate, pour moi, a toujours été une petite menteuse. Son rouge vif promet une émotion, qui le sera tout autant lorsqu'on la déguste, et pourtant, une fois qu'elle arrive en bouche, c'est la déception : un goût fade, de frigo, une texture ni molle ni ferme, parfois pâteuse.

Petite tomate, ronde et belle, pourquoi m'as-tu toujours menti ? Même les cœurs-de-bœuf que l'on trouve, hors de prix, sur les marchés, ne tiennent pas leurs promesses. Eh bien, j'ai un aveu à te faire : ce n'est pas la faute des tomates !

Je pourrais te dire que c'est la faute de ceux qui les cultivent alors que ce n'est pas la saison, de ceux qui les font pousser sous les serres d'Andalousie, qui s'étendent sur des hectares et des hectares, envahissant le paysage. Petit aparté : la première fois que j'ai vu ce qu'on nomme « l'océan de plastique », j'ai cru qu'il s'agissait de la mer, et quand je me suis approchée, j'ai eu envie de pleurer. Comment est-il possible d'en arriver là ? De gâcher tout un paysage, des terres entières, de brider l'horizon, et au passage, de polluer la mer qui avale le plastique parti en lambeaux, tout ça dans l'unique intention de fournir des tomates en toutes saisons (et les bio n'échappent pas au phénomène). La plupart poussent sur de la laine de roche. Ceux qui les ramassent sont des travailleurs clandestins rémunérés une misère. Et, cerise sur le gâteau, comme il faut beaucoup d'eau pour arroser tout ça, on va puiser dans les nappes phréatiques, les asséchant au passage. Je pourrais te dire aussi que c'est la faute des grandes surfaces qui les vendent, et qui infligent une telle pression sur les prix aux cultivateurs que ceux-ci ne peuvent plus faire leur métier correctement. Et puis, en bout de course, ce pourrait être aussi la faute des consommateurs, qui, parce qu'ils « se feraient bien une salade de tomates pour digérer », la consomment en toute saison.

Je préfère dire que le système part en cacahouète, consommer différemment, et apporter mon aide à celles et ceux qui luttent politiquement.

En tout cas, ce n'est pas la faute des tomates, et ça, je l'ai compris la première fois où j'en ai mangé une. Pour de vrai.

Sa peau était croquante, sa chair tendre, son jus sortait de ma bouche (ça n'était même pas encore la pulpe). Et son goût… Son goût est tel que je n'ai aucun problème à l'attendre dix mois de l'année, pour la consommer quand son moment est venu, m'en délecter deux mois durant, en patientant ensuite, jusqu'à la prochaine saison – note pour moi-même : un jour, il faudra penser à faire des conserves.

Depuis le début du livre, je te parle des bons et des mauvais côtés de la vie à la campagne. De temps en temps, tu commences à entrevoir les moments où tu maudiras cette décision que tu as prise, après des mois de réflexion ou sur un coup de tête. Alors, dans ce chapitre, je viens avec une bonne nouvelle : il y a une chose qui rendra tout retour en arrière impossible pour toi : ce que tu vas pouvoir te mettre dans le gosier.

Je ne sais pas où tu en es niveau cuisine, mais moi, je suis ceinture blanche, alors que toute ma famille assure grave. C'est pas que je sois une quiche, mais… disons que je fais toujours les mêmes plats (et mon compagnon, c'est un peu pareil, sauf que son panel est plus varié et qu'il est bien meilleur que moi).

Eh bien, la campagne, c'est la revanche des derniers de la classe en cuisine, c'est l'occasion d'épater ses amis et sa famille en toutes circonstances. Je suis sûre que toi aussi tu en rêves. Avoue !

Après les tomates, venons-en aux saucisses dont je te parlais tout à l'heure. Tu ne veux plus manger de viande à la ville parce que t'en as marre qu'elle n'ait pas de goût, qu'il faille la mastiquer et qu'elle provienne d'un élevage intensif, qui n'a rien de sain et qui fait souffrir les animaux ? Ici, tu pourras t'en nourrir raisonnablement, une fois par semaine, ça viendra d'un animal dont tu sais qui l'a élevé et comment, qui l'a tué et dans quelles conditions, et ça n'aura jamais eu aussi bon goût. Si tu es vegan pour d'autres raisons, je comprends, ça ne sera pas ton truc. Nous avons des amis qui sont devenus « végétariens à la ville », ils ne mangent plus de viande que chez nous. Du coup, on a choisi d'avoir un demi-cochon à l'année, pour pouvoir les sustenter, et assurer notre consommation hebdomadaire.

Que tu fasses un jardin ou pas – cf. le chapitre consacré à ce sujet –, tu pourras trouver de bons légumes autour de toi, souvent bio (certifiés ou non, là n'est pas le sujet), à un prix raisonnable (si tu cherches bien). De temps en temps, un parent de la ville t'appellera à la rescousse : « Il n'y a pas de haricots fermes et sans fil ici, tu veux bien m'en apporter un kilo ? » Tu te retrouveras à monter dans le train avec toute une cargaison de vivres… et pas de chaussettes de rechange, parce qu'il fallait bien faire de la place aux légumes et au confit de porc (celui qu'on ne trouve nulle part ailleurs, que les moins jeunes ont connu, petits, quand ils s'en allaient passer leurs vacances à la campagne. Ils revivront le goût de l'enfance grâce à toi, et ça, je te jure, ça n'a pas de prix).

Tu découvriras aussi qu'ici, il est vraiment possible de faire de la politique avec son panier de courses – je dis « panier » mais en réalité, j'espère que t'as bien retenu qu'il vaut mieux récupérer des cagettes, pour faire démarrer le feu l'hiver.

Ici, les grandes surfaces prennent toute la place. Il y en a parfois sept, dans des bleds qui ne comptent pas plus de 6 000 habitants. Elles envahissent l'entrée de certaines petites villes. Eh bien, le premier pas que tu peux faire pour lutter contre elles, c'est de ne pas y mettre les pieds. La bonne nouvelle, c'est que c'est possible – peut-être pas complètement, ça dépend de ton budget et de tes priorités, mais, en tout cas, tu peux t'en passer beaucoup plus qu'en ville. À côté de chez toi, tu trouveras toujours un petit producteur qui vend à la ferme, ou une épicerie bio, souvent associative, ou, encore un peu plus loin, un magasin bio pour les denrées non périssables. À la place d'acheter une montagne de packs de bières au Super U, pour la venue d'une bande de copains, tu feras une petite cagnotte auprès d'eux, t'iras voir ton super caviste, celui qui recèle des bières du coin, tu lui réserveras un fût, et t'emprunteras sa tireuse pour le jour J. Tout le monde se régalera tout un week-end durant et, à la fin, il n'y aura pas des tonnes de déchets qui s'entassent dans la poubelle.

Tu découvriras qu'il est possible de se nourrir sainement, localement, pour pas si cher – toi qui rêvais de manger bio mais qui n'en avais pas les moyens –, et qu'en faisant ainsi, tu permets à des commerçants d'ouvrir et de se pérenniser, à ta ville ou ton village de moins se bétonner, et à ceux qui cultivent ou qui élèvent d'être payés décemment. Et ça, c'est politique.

De temps en temps, quand viendra l'heure du repas, tu te rendras compte que tu connais le visage de tous ceux qui ont participé à ce que ces victuailles arrivent dans ton assiette, tu pourras chiffrer le nombre de kilomètres qui te séparent d'eux, parfois même, tu te rappelleras leur ferme, leurs cultures, et leurs animaux, qu'ils t'ont présentés. D'autres fois, tu clameras : « C'est tout du jardin ! » Et t'en tireras une petite fierté. Mais surtout, tu t'apercevras que, pendant des années, tu pensais que bien manger était l'apanage de ceux qui gagnent bien leur vie, alors tu trinqueras, en solo ou à plusieurs, et tu savoureras le goût de la liberté.

12-

La première fois que
j'ai installé des toilettes sèches

Les toilettes sèches, c'est la vie. Littéralement.

D'abord parce que ça permet d'économiser des milliers de litres d'eau par an. Quand tu tires la chasse, c'est trois à douze litres d'eau potable qui s'en vont dans les canalisations… C'est dommage, non ? Même dans les régions supposément très humides, parce que, malheureusement, elles n'échappent pas à la sécheresse qui gagne du terrain partout, d'année en année. (Tout va bien.) Autre point majeur : les matières que tu déposes gracieusement au fond de ta cuvette de ville, et qui ne vont nulle part où elles pourraient servir, sont celles qui en fait nourrissent la terre, ou plutôt les petites bêtes qui fourmillent dans la terre (comme les vers) et qui la maintiennent en vie.

Ceci n'est pas un plaidoyer pour que tout le monde se mette à faire caca dans les prés. Surtout en y laissant traîner plein de PQ dégoûtant. Ni pour que les villes se mettent aux toilettes sèches – je vois mal les gens descendre des seaux de caca en bas de l'immeuble… En revanche, j'aime à penser que, sur notre terrain, nos toilettes sèches ont aidé des arbres à renaître, alors qu'on les pensait morts. Ici, on indique à nos invités qu'ils chi*nt utile. C'est quand même beau non ?

Yep. Sauf quand t'as la gastro, ou encore que tu te retrouves en béquilles, à devoir vider tes toilettes sèches – *spoiler :* tu peux pas, va falloir faire venir un de tes amis pour qu'il les vide. Tu noteras qu'il faut avoir de chouettes copains !

Si j'ai réussi à te convaincre et que tu veux savoir comment en fabriquer, va donc sur Internet (mais n'achète pas des toilettes écologiques à whatmille euros, tu te ferais mal pour rien). Si t'as besoin d'une dernière raison pour sauter le pas, ça sera peut-être l'odeur. Amis de la poésie, bonsoir. Nous, on a dû les installer en urgence, avant un week-end où l'on recevait une dizaine d'amis, parce que la fosse septique faisait des siennes malgré tous nos efforts pour y remédier (tu découvriras peut-être un jour les joies de l'assainissement dans les vieilles maisons).

Donc, nos toilettes sèches, on les adore. Et nos copains en visite aussi (sauf au moment où il faut les vider) ! C'est un peu comme s'ils faisaient la paix avec leur caca, ils en voient la couleur, la consistance, et ils ont la sensation qu'ici, avec ce qu'ils mangent, il est super. Je te jure, ils en parlent. Souvent. Ça a l'air de leur faire du bien.

J'avoue que je n'ai pas pensé à nos amis, au moment où on a installé nos toilettes sèches, mais plutôt à notre voisin (coucou cher voisin !).

Notre voisin, on l'adore. C'est un agriculteur qui a les plus belles vaches qu'on connaisse, il leur laisse les cornes, il les aime d'amour, il les élève avec soin, ardeur, et respect. Il adore faire des balades dans la nature, on a de chouettes discussions, pendant lesquelles on se marre bien. On n'est pas d'accord sur tout, mais on est d'accord pour bien s'aimer et bien s'entendre.

Eh bien figure-toi que le jour où on a installé des toilettes sèches, j'ai pensé à lui, et à ce qu'il pourrait se dire : « Y a les écolos qui débarquent ! » Un peu comme si des terroristes avaient envahi la zone. Parce que j'ai déjà entendu cette phrase, ailleurs. Les écolos, pour mon voisin, ce sont ceux qui disent que ses vaches polluent, et que son métier n'a pas d'avenir. Mais les écolos et lui se sont-ils déjà vraiment croisés ?

J'ai pensé aussi à l'« avant ». « Avant », c'est quand il fallait trimer. Quand le métier d'agriculteur signifiait des efforts physiques éreintants, qu'il fallait s'entraider parce qu'on n'était pas assez outillé pour faire seul.

Avant, c'est « avant le progrès ». Et les écolos, eux, ils trouvent que « le progrès », justement, il est pas toujours écolo.

J'entends, ici ou là, qu'ils n'ont rien vécu de tout ça, ces « écolos bobos ». « Ils arrivent tranquillement de leurs écoles d'agro, ils pensent avoir appris la vie, ils n'ont jamais mis les pieds à la campagne "avant", et ils voudraient faire pousser des légumes sans mettre de pesticides, ils voudraient faire des vendanges avec des chevaux plutôt qu'en tracteur, ils voudraient… Que sais-je encore… Mais ça se voit qu'ils n'ont pas connu la souffrance et la misère, sinon, ils ne voudraient pas revenir en arrière ! »

Ça, je crois qu'il faut l'avoir en tête pour commencer à se comprendre, et savoir ce que ça implique, dans les relations de voisinage, de simplement installer des toilettes sèches.

Il faut aussi se rappeler ce qu'on voit à la télé ou dans la presse. Les reportages qui dénoncent – à juste titre, et heureusement qu'ils existent – les cultures intensives de la Beauce ou les maltraitances animales dans les abattoirs, laissent croire aux agriculteurs conventionnels que les écolos les détestent tous, qu'ils les traquent, qu'ils leur veulent du mal. Comme s'il n'y avait pas mille manières de faire, car ces mêmes reportages pourraient faire oublier tous ceux qui font leur métier avec amour et respect de la nature, qu'on ne voit pas à la télévision. Tous ceux, aussi, qui décident d'abandonner ce système, rompant avec leur client habituel, numéro un de l'agroalimentaire, et passant en circuit court, ceux encore qui bidouillent leurs machines pour qu'elles soient moins violentes avec la terre.

Il faut avoir en tête également ce p*tain de chant du coq, ou encore le bruit des cigales, des cloches d'église… T'as déjà entendu parler de ces histoires ? Un jour, des citadins fraîchement installés à la campagne, ne supportant plus le chant du coq de leurs voisins, auraient décidé de leur faire un procès pour nuisance, ce fameux coq chantant dès l'aube, et réveillant ces gentilles gens. Dans l'histoire, parfois le coq gagne, parfois il perd et on le met au four. On raconte cette histoire régulièrement, quand on parle de citadins venus s'installer à la campagne, on l'érige en symbole de l'affrontement ville/campagne, ou ruralité/néoruralité. Pourtant, moi, je vais te dire une chose : je n'ai jamais entendu personne se plaindre du chant du coq.

Il ne faut pas non plus oublier ce qu'implique le changement. Ces dernières décennies, la politique française et européenne a complètement transformé le métier des agriculteurs, les poussant à avoir des terres plus grandes (tous n'ont pas cédé à ce nouvel Eldorado), à avoir des tracteurs plus gros – leur permettant ainsi de faire le travail seul –, à avoir recours aux engrais et pesticides plus fréquemment, pour éviter les surprises, et à contracter des emprunts de plus en plus lourds, pour pouvoir financer tout ça. Et maintenant, des petits jeunes viendraient leur dire de faire autrement ? Je comprends qu'on se sente dénigré, quand on est dans cette situation. Je comprends aussi qu'on n'ait pas envie de faire autrement, parce qu'on a appris à faire seul, avec ces nouvelles méthodes, à s'en sortir, et à pérenniser une activité. Pourquoi voudrait-on risquer de tout chambouler, que ça ne pousse pas, que ça ne marche pas, que cela ne nous permette pas d'en tirer un vrai revenu, alors qu'on donne déjà tout ce qu'on a ? Et puisqu'on ne le fait pas pour soi, pourquoi accepterait-on que d'autres fassent autrement, c'est comme s'ils venaient nous dire : « Tu t'es complètement planté, tu sais ? »

Il faut bien se rappeler, encore, l'inaction gouvernementale. Puisque les États ne veulent pas reconnaître l'urgence climatique et le rôle de l'humain dans tout cela, pourquoi les autres le voudraient-ils ? Les gens de la campagne, ils sont sages. Ils ont appris à se contenter de ce qu'ils ont, alors pourquoi iraient-ils se battre pour une nature dont on ne sait même pas vraiment si elle va mal ? Parce que, bon, « des orages comme ça, on en a vu d'autres ! Des sécheresses comme ça, on en a connu d'autres ! Les températures extrêmes, c'est pas nouveau ! ».

Enfin, sans parler de ceux qui font de la terre leur métier, il y a tous les papis et mamies qui cultivent leur jardin en lignes, avec un petit coup de karaté de temps en temps (en langage papi/mamie du coin, c'est du produit chimique), qui se demandent bien ce que viennent faire ces arrogants, à créer des buttes de terre, à mélanger tous les légumes dans un même espace, à laisser pousser leurs pelouses (« C'est moche, ça fait pas propre nan ? »), à ramasser les doryphores à la main dans les champs de pommes de terre (« Ils ont que ça à faire ces jeunes ? Ils feraient pas mieux d'arroser ça de produit, et de trouver un boulot ? »). Alors quand vient le moment de la récolte des néoruraux, si elle est maigre, ils rigolent bien derrière leur petit voilage.

Bref, tout ça pour dire : le jour où t'installeras des toilettes sèches, n'oublie pas de rappeler à tes voisins que tu les aimes. Et puis, aussi, souviens-toi de la grenouille à la grande bouche, et ne parle jamais du chant du coq, même pour rire !

13-

La première fois que je suis sortie au café

T'es toujours là ? Je demande parce que je ne me trouve pas très sympa, à te parler de tout ce qui va te rendre un peu chèvre une fois que tu seras ici, mais bon, c'est un peu le but de ce livre… N'empêche, j'aurais pu être un peu plus réglo, et faire une entrée en matière avec ce par quoi, moi, j'ai commencé.

Soyons clairs, nous ne sommes pas des amish (n'en déplaise à monsieur le président de la République française en 2020). Moi, j'ai été élevée en ville, avec des bistrots en bas de chez moi, à passer des soirées à boire des coups, danser sur les tables, dans des endroits divers et variés. Je veux bien aller dans le trou du c*l du monde, mais renoncer à la fiesta, jamais.

Après avoir visité notre future maison avec mon compagnon, et avant de dire « oui », la première question que nous avons posée a été : « Où est-ce qu'on peut faire la fête ici ? » Il était clair que si l'on nous répondait « nulle part », on oubliait gentiment cette jolie maison, et on allait voir ailleurs. Mais on nous a dit : « Il y a un café associatif pas loin de chez vous, vous pouvez y aller ce soir, le vendredi, c'est le moment de la semaine où ça bouge. »

Nous, quand on a entendu « ça bouge », on a doucement rigolé. Bon, on a des exigences de fête, mais on ne va pas aller jusqu'à demander que ça bouge. Ça va hein. Nous prenez pas pour des andouilles, on est au courant qu'on est au milieu de nulle part. Si ça bougeait, on le saurait ! Hahaha. Hihihi. Hohoho.

Tu vois, on est tous le c*n de quelqu'un.

Parce que cette soirée, elle ne s'est pas du tout passée comme on l'avait prévu. Nous sommes entrés dans ce café à 19 heures, pensant être les premiers arrivés, et espérant voir une dizaine de personnes tout au long de la soirée. En fait, nous étions cinquante. Cinquante, répartis dans quelques mètres carrés, plus le jardin, occupé par les fumeurs. On est arrivés ensemble avec mon compagnon, et on ne s'est plus revus de la soirée. Trop de gens, trop de sympathie, trop d'accueil. Des discussions dans tous les sens. Des boissons toutes meilleures les unes que les autres. Des sourires, des « Vous allez vous installer dans le coin ? », des renseignements sur le coût des maisons alentour, sur l'organisation des travaux. Des blabla sur des livres, des films, des spectacles, des groupes de musique. Des conseils. Des gentillesses. Des partages. Un peu d'ivresse aussi. Je ne me souviens plus de tout ce qui s'est passé au cours de cette soirée, mais je me souviens que j'y ai rencontré les gens avec qui je fais la fête le plus souvent depuis maintenant quatre ans.

Avant d'arriver, nous avions garé notre camion sur le parking. Un camion aménagé dans lequel nous allions dormir.

Il y avait une petite pente, c'était bétonné, ça ne serait pas la nuit la plus agréable, mais ça ferait l'affaire.

Vers minuit, certains ont commencé à nous demander où nous dormions, si l'on avait besoin de quelque chose, et s'ils pouvaient nous accueillir pour la nuit. On était un peu gênés, on ne savait pas forcément où donner de la tête, et puis, on se connaissait à peine. Mais après un dernier verre, on a fini par dire oui à une petite famille, pour poser notre camion dans leur jardin. On était déjà heureux de dormir les pieds dans l'herbe, mais ce n'était que le début. Une fois là-bas, une bonne omelette aux légumes du jardin a été concoctée sur le pouce. On s'est régalés, on a ri encore et veillé longtemps.

Cette première soirée a donné le ton de toutes celles qui ont suivi. Ici, on se réunit souvent, on se cuisine de bonnes choses les uns les autres, on boit des bières artisanales du coin, ou des vins choisis par le meilleur caviste bio. Tout ça, à des prix qui sont à mille lieues de ceux pratiqués à la capitale (sinon, on ne pourrait pas se le permettre). On s'invite les uns chez les autres. En fait, et surtout quand vient l'été, la problématique n'est pas de savoir où sortir, mais comment arriver à dormir. Si on se laissait aller, on ferait la fête tout le temps. Et comme on bosse aussi, le matin, ça pique…

Donc, reprenons. Il y a le café associatif, le bar ouvert en collectif, le caviste qui fait bar à vin, les festoches (ils sont tellement nombreux, tu n'imagines pas), les invitations à dîner, les barbecues, les apéros au jardin, et j'oublie sûrement des choses. Je te jure, il y a de quoi faire.

Le truc assez nouveau, c'est que tous ces lieux, tu devras y aller en voiture. Au début, tu verras peut-être pas ce que ça signifie, tu te souviendras pas des moments où le métro tanguait, quand tu rentrais de soirée. Mais, quand tu ouvriras ta portière de voiture, et que tu n'arriveras pas à mettre la clé dans le contact, tu te rappelleras pourquoi t'avais dit que c'était le dernier verre. Ici, il te faut un Bob. Pas un Bob qui ne boit pas, mais disons, un Bob qui boit raisonnablement.

Il te faudra aussi rouler doucement, surtout en hiver, parce que tu partageras la route avec des copains nocturnes : les hérissons, les chevreuils qui déboulent sans prévenir (attention, quand il y en a un, un deuxième suit toujours). D'ailleurs, peut-être que tu t'arrêteras cinq minutes juste pour les observer. Ils resteront dans la lumière de tes phares. Derrière toi, il y aura trois voitures qui te suivent pour venir manger un morceau chez toi. Mais personne ne klaxonnera, tout le monde comprendra. C'est la magie partagée du spectacle.

En parlant de voiture, je t'ai raconté la fois où je suis allée au café avec une tronçonneuse ? C'était par un soir de tempête… Bon, j'exagère, cette aventure n'est pas la mienne, mais celle d'amis à nous. Nous, les soirs de tempête, on se carapate dans notre maison, parce qu'il y a encore bien trop de choses à surveiller : que notre vieux toit ne s'envole pas, que le circuit d'électricité n'enflamme pas toute la maison, que l'eau ne pénètre pas partout, bref, c'est studieux. Mais nos amis, eux, rien ne les arrête.

Quand il y a tempête, il y a plein d'arbres qui tombent sur la route, laquelle se retrouve barrée. Je vais pas te faire un dessin, mais des routes, il n'y en a pas dix mille ici, donc quand une seule se retrouve inaccessible, ça peut signifier des dizaines de kilomètres de détour. Alors, pour aller au bal traditionnel à quarante kilomètres de là, il faut bien trouver des solutions. Eh bien, tout simplement, nos copains, ils partent en soirée avec leur tronçonneuse !

Ben quoi ?

Quand ils croisent un arbre au milieu de la route, ils sortent de la voiture, le tronçonnent en plusieurs morceaux qu'ils dégagent sur le côté, avant de continuer. Et quand je te dis « nos copains », j'en connais plusieurs qui font ça !

Ça a de la gueule non ?

Une dernière chose avant qu'on se quitte : même quand tu fais la fête, tu peux aussi faire de la politique. Voilà la situation : des initiatives, il y en a qui poussent assez régulièrement. D'ailleurs peut-être que toi, tu décideras d'en faire éclore une. Alors il faut veiller à ce qu'elles puissent toutes continuer d'exister. Oui, peut-être qu'un verre de vin au café ou au bar coûte plus cher que celui que tu bois chez toi, mais quand tu te déplaces jusque là-bas, c'est un lieu de vie et de rencontres que tu soutiens. Peut-être aussi que t'es plus à l'aise dans le premier lieu dans lequel t'as mis les pieds. T'y as pris tes marques, il est fréquenté par les gens que tu adores, et tu y trouves même tes boissons préférées. C'est chouette, mais c'est encore plus chouette si tu peux varier.

Parce que des cafés et des bars qui ont fermé en pleine campagne, ces dernières décennies il y en a eu plus que tu ne peux l'imaginer. Et avec eux, c'est beaucoup d'essentiel qui a disparu : des moments de partage, des rencontres insolites, des rires… En somme, c'est de la solitude en plus pour beaucoup de gens.

Soutenir celles et ceux qui ont le courage de faire renaître la vie, c'est primordial.

Il y a des lieux qui te surprendront. Tu y verras un mec un peu abîmé par la vie, que tu ne vois jamais par ailleurs. Ou une dame qui sort peu, mais tiens, ce soir, elle a fait une folie. Ce sera l'occasion de parler, de se découvrir, de rompre avec la distance qu'il peut y avoir, entre des êtres d'horizons différents. En rentrant tu te diras que t'as bien fait de venir là, tu sais pas trop pourquoi, mais rencontrer ces inconnus, ça t'a donné le sourire. Et visiblement, à eux aussi.

Les bonnes idées de la campagne

14-

Faire du télétravail *à la campagne*

Jour 1 : Veille de l'installation de la box

Ouverture de WhatsApp.

Maman : « J'ai essayé de t'appeler plusieurs fois mais tu ne réponds pas. C'est pénible quand même. »

Meilleure amie : « Hey, meuf, t'es *dead* ou quoi ? Vazy la campagne c'est pas l'bout du monde non plus. Bon, OK, j'arrête de parler comme si on était encore dans les années 90. Mais reviens, quoi ! Sinon j'vais crier, crier, Aline, pour qu'tu reviennes ! OK, je sors. »

Sosh : « Bonjour et bienvenue chez Sosh, nous sommes tellement heureux de vous accueillir, nous ferons tout pour que vous vous sentiez bien, nous vous fournirons l'Internet le plus rapide de l'Ouest et nous nous mettrons à genoux pour vous satisfaire. Nous vous annonçons que vos services sont désormais activés, et que votre facture court à compter d'aujourd'hui. »

Maman : « Je viens de voir que tu t'es connectée, pourquoi tu me réponds pas, si tu fais la tête, je préfère que tu le dises. »

Collègue n° 1 : « Ça tient toujours pour la visio de tout à l'heure ? Ça fait longtemps qu'on n'a pas vu ta tête, on sera contents de te retrouver ! RV à 18 heures pétantes ! »

Moi à Maman : « Coucou Maman, désolée, j'ai tellement de boulot, je sais même plus où donner de la tête, je t'appelle en fin de semaine. »

Moi à Meilleure amie : « J'ai pas encore de box, elle devrait arriver demain, j'ai dû monter au grenier pour que mon téléphone capte un peu de réseau. J'ose même pas appeler ma mère, elle va croire que je suis partie vivre dans une cabane dans la forêt. J'te tiens au jus. »

Moi à Sosh : « C'est super gentil, merci. Par contre ma box n'est pas encore arrivée, vous auriez peut-être pu attendre demain pour la facturation, non ? Allô ? Allô ? »

Moi à Collègue n° 1 : « Est-ce qu'on peut décaler à demain s'il vous plaît ? Gros souci technique, je peux pas t'expliquer par WhatsApp c'est trop compliqué. »

Jour 2 : Jour de la sacro-sainte installation de la box

Ouverture de Skype.

Collègue n° 1 : « Bon, on est enfin tous là, c'est super d'être réunis. »

Collègue n° 2 : « Ah, mais, Aurélie, on ne te voit pas, tu devrais brancher ta caméra ! »

Moi : « Bougez pas, je lance ça ! »

Collègue n° 1 : « On te v… tou… flou, c'… norm… ? »

Collègue n° 2 : « On … rait qu'elle n… … tend pas b…, nan ? Aur…, t'es l… ? »

Votre connexion a coupé faute de réseau.

Ouverture de WhatsApp.

Moi à Association préférée : « Coucou, je peux venir squatter vos locaux pour un Skype ? C'est juste histoire d'avoir du réseau. Merci c'est trop gentil ! »

Jour 3 : Jour d'après la sacro-sainte installation de la box

Ouverture de WhatsApp.

Appel Maman. Durée 33 minutes.

Maman : « J'étais contente de t'avoir ma chérie, tout a l'air d'aller bien pour toi. Couvre-toi quand tu vas dehors, ils annoncent des températures en dessous de la moyenne. »

Moi à Maman : « Ça m'a fait plaisir aussi Maman. Gros bisous. »

Moi à Meilleure Amie : « J'arrive pas à te joindre, tu fous quoi ? J'ai eu ma mère au tél, pas osé lui dire que j'étais en doudoune chez moi. Paye ta vie à la campagne hahaha. »

Sosh : « Un orage est prévu ce soir et demain, veuillez débrancher votre box pour ne pas endommager le matériel. »

Moi à Sosh : « OK, mais comment je fais pour bosser ? »

Sosh : « Notre service client fait tout pour vous satisfaire, vous êtes 52e dans la file d'attente, veuillez patienter… »

Collègue n° 1 : « On refait un Skype demain matin, *be ready* ! »

Moi à Association préférée : « C'est possible de me réserver une place régulièrement, pour mes visios du boulot ? Oui ? Vous êtes vraiment trop chouettes ! »

Jour 4 : Jour d'orage

Ouverture de WhatsApp.

WhatsApp ne parvient pas à se connecter, vous ne disposez pas de connexion Internet, ni en wifi, ni en 4G. On dirait que votre box part en sucette, mais votre réseau téléphonique aussi, tiens, tiens. Hahaha, et dire que vous rêviez de vous installer à la campagne. Et maintenant vous enragez parce que vous êtes privée de réseau. Eh oh, vous allez vous en remettre !

Jour 5 : Jour d'après l'orage

Ouverture d'Internet sur l'ordi.

Vous ne semblez pas disposer d'une connexion Internet, veuillez contacter votre fournisseur. N'oubliez pas qu'il vous aime et qu'il ferait tout pour vous, pour la modique somme de 30 euros par mois, avec des milliers de gigas compris (même si vous ne les recevrez jamais dans votre trou paumé).

Tu veux vraiment t'installer à la campagne ?!

Ouverture de WhatsApp, au grenier.

Meilleure amie : « Ouaich, j'ai essayé de te rappeler l'autre soir, mais t'as pas répondu, tu t'couches avec les poules ou quoi ? Fais gaffe, tu vas finir par pondre. Bon, OK, je sors. »

Collègue n° 1 : « Coucou Aurélie, on attend ton doc pour aujourd'hui midi, ça ira pour toi ? C'est chaud chaud serré, faut qu'on assure ! »

Moi à Sosh : « Bonjour, je n'ai plus d'Internet depuis l'orage. »

Sosh : « Vous êtes 77e dans la file d'attente, veuillez ne pas quitter. »

Moi à Collègue n° 1 : « Je suis en train de vous envoyer le doc, il est midi, mais il dit qu'il reste une heure pour le transférer… »

Collègue n° 1 : « Tu nous préviens, la prochaine fois que tu décides d'emménager à la préhistoire !! »

Sosh : « Bonjour, je suis là pour vous servir, soyez rassuré, tout va bien se passer, je vous rassure, je vais vous aider, je vous assure, vous serez satisfait. Que puis-je faire pour vous ? »

Moi à Sosh : « Comme je viens de vous le dire, je n'ai plus de connexion Internet depuis l'orage. »

Sosh : « Je vous rassure, nous allons régler votre problème. Si je comprends bien, vous n'avez plus de connexion Internet depuis l'orage ? »

Moi à Sosh : « Oui tout à fait, votre compétence me rassure vraiment. »

Sosh : « Merci beaucoup, je vous rassure, on va régler ça tout de suite. Veuillez s'il vous plaît éteindre et rallumer votre box. »

Moi à Sosh : « Je suis au grenier pour avoir du réseau 4G, je descends et je reviens. »

Sosh : « Rassurez-vous, je vous attends. »

Moi à Sosh : « Voilà, c'est fait. »

Sosh : « Que voyez-vous d'affiché sur l'écran ? »

Moi à Sosh : « Je suis au grenier pour avoir du réseau 4G, je descends et je reviens. »

Sosh : « Rassurez-vous, je vous attends. »

Moi à Sosh : « Il est écrit : pas de réseau. »

Sosh : « Voilà, le diagnostic est effectué, vous n'avez pas de réseau. Nous allons donc devoir envoyer un technicien. Il pourra intervenir dans dix jours. Soyez rassurée de notre entier dévouement pour votre satisfaction. Merci et à bientôt. »

Collègue n° 1 : « C'est bon, j'ai pu télécharger ton doc, mais bon, c'était pas très cool comme situation. »

Moi à Collègue n° 1 : « J'essaierai de faire mieux demain… »

Moi à Association préférée : « Dites, vous pourriez m'accueillir dix jours entiers ? »

Appel impromptu de Maman.

Moi à Maman : « Désolée Maman, j'ai plein de boulot, je te rappelle plus tard. Dans… dix jours disons. »

Jour 16 : Jour de l'intervention du technicien

Ouverture de WhatsApp, au grenier.

Moi à Sosh : « Bonjour, je ne sais pas si le technicien est passé, mais je n'ai toujours pas de réseau Internet. »

Sosh : « Bonjour, soyez rassurée, nous allons voir cela ensemble. »

Moi à Sosh : « Nan, en fait, vous allez arrêter de me dire d'être rassurée, vous savez ce que ça veut dire dix jours sans

Internet quand on travaille de chez soi ? »

Sosh : « Rassurez-vous, c'est rétabli, notre technicien est intervenu. »

Moi à Sosh : « Mais puisque je vous dis que je n'ai toujours pas d'Internet ! »

Sosh : « Rassurez-vous, je vais demander l'intervention d'un nouveau technicien, dans dix jours. »

Moi à Sosh : « Je vous préviens, je ne paie pas mes factures en attendant, et puis vous avez intérêt à me rembourser l'espace de coworking que je paie de votre fait ! »

Sosh : « Rassurez-vous, je vous laisserai voir tout ceci avec le service commercial, mais uniquement quand Internet sera rétabli. Je vous souhaite une bonne soirée, soyez heureux ! Nous sommes ravis de vous compter parmi nos clients. »

Moi à Sosh : « P*tain, mais sérieux !? Vous allez m'entendre ! Je vais prévenir les associations de protection des consommateurs… »

Sosh n'en a rien à secouer et vient de mettre fin à votre conversation.

Appel impromptu de Maman.

Maman : « Dis donc ma chérie, t'as une toute petite voix. »

Moi : « C'est juste que je viens de passer deux heures avec Sosh pour rien. »

Maman : « Sosh, c'est ton nouveau collègue ? Il a pas l'air très sympa. Tu devrais aller prendre un peu l'air, tu bosses beaucoup trop. »

Jour 26 : Jour de l'intervention du technicien (bis)

Ouverture de WhatsApp, au grenier.

Moi à Sosh : « Bonjour ! Comment allez-vous, vous avez pris un bon petit déjeuner ? La vie est belle ? »

Sosh : « Bonjour, nous sommes ravis de votre bonne humeur, c'est sûrement grâce à nos services ! »

Moi à Sosh : « Non, je n'ai toujours pas Internet, mais comme je passe plus de temps en ligne avec vous qu'avec ma propre mère, je me dis : autant que ça soit sympa. »

Sosh : « Ah, c'est formidable, il faudrait plus de gens comme vous, vous savez ? Bon alors, que puis-je pour vous ? »

Moi à Sosh : « Ben… J'aimerais vraiment que vous me disiez si vous avez pris un bon petit déj, et comment vous allez ? »

Sosh : « Hihihi, je vais bien, merci, et j'ai pris de la brioche aujourd'hui, exceptionnellement. »

Moi à Sosh : « Super ! Je suis vraiment contente pour vous. Bon, je vous contacte pour résilier mon abonnement, je vais passer à la 4G Box, chez Bouygues. »

Sosh : « Permettez-moi de vous alerter sur le fait que vous n'aurez jamais le débit promis dans votre trou paumé. »

Moi à Sosh : « Oui, je sais, mais j'ai besoin qu'on arrête de s'engueuler vous et moi. »

Moi à Meilleure amie : « On s'fait un *call* en mode grenier ? J'ai tellement de choses à te raconter ! »

Collègue n° 1 : « Ouh ouh, t'habites encore sur cette planète ou pas ? On attend ton nouveau doc pour midi. »

Moi à Collègue n° 1 : « J'arrive ! Mais à partir d'aujourd'hui, tu peux rajouter une heure et demie à chaque *deadline*, je suis en mode *slow life*, tu comprends ? »

15-

Faire un burn-out *à la campagne*

On a cette image de la campagne, comme un tableau où l'on verrait les moissons. Tout y serait paisible, tournerait au ralenti, même les tracteurs ne feraient pas de bruit – d'ailleurs, que dis-je, il n'y aurait pas de tracteur –, ce serait le calme absolu. Mmmmmmh, quel bonheur !

C'est cela, oui…

Je me dois de te parler d'un problème majeur : ici, des gens font des burn-out (ou parfois de gros craquages). En tout cas, ils en font trop, et à un moment, ça leur pète au nez (et je ne fais pas exception).

Comme partout, tu me diras… Eh bien, moi, je rétorque que ça n'est pas tout à fait normal, parce qu'on est quand même entouré de jolies prairies, qu'on peut marcher, sauter, danser, et profiter de la vie, et que rien ne nous oblige à adopter un rythme effréné. Il n'y a pas, par exemple, des milliers d'individus qui s'affolent dans les couloirs du métro pour nous entraîner dans leur course folle. Point non plus de grands immeubles imposants qui annoncent qu'on n'est pas là pour rigoler, ni encore de gens qui débauchent à pas d'heure parce que c'est bien vu.

Et pourtant… Il y a tout de même des gens qui en font trop.

Ils en font trop, d'abord, parce qu'il y a énormément à faire ici. Comme je te l'ai déjà dit, la campagne est sinistrée. Et pour peu qu'on ait envie de la faire sourire, on se remonte les manches, on s'agite, on veut soulever des montagnes, seul ou à plusieurs. C'est souvent la même histoire. Il y a tellement à faire, on a tellement d'idées, tellement d'envies, que l'on finit par travailler sans relâche pour les faire aboutir. Il y a des projets qui fleurissent ici, d'autres là, on veut les encourager, s'y joindre, et puis sans que l'on y prenne garde, on se retrouve avec un planning qui ne laisse plus de place à rien d'autre. Ni aux loisirs, ni à la santé (on ne prend même plus le temps de marcher !). Ni… aux vacances ! On pense que parce qu'on est dans un cadre idyllique, et qu'on fait des choses qui nous passionnent, on n'a pas besoin de vacances. En fait, si, comme tout le monde. Mieux vaut les prendre avant de comprendre qu'on aurait dû.

Tiens, parlons des loisirs, qui, eux aussi, peuvent te mener à l'épuisement. Juste parce que c'est tellement joyeux de savoir que toutes ces initiatives existent, t'as envie d'en être, de les célébrer, d'en profiter (que ce soit pour toi ou pour tes enfants, si tu en as). Mais c'est pas non plus la porte à côté. C'est pas comme quand t'étais dans ton quartier, où tu pouvais remplir ta journée, en passant de chez Tonton Fred à chez l'amie Jeanne, de ton cours de musique à celui de claquettes, en ayant déjeuné chez Super Wok entre-temps, et avant de boire une bière à la Brasserie du Manège. Non, ici, tout est éloigné, chaque déplacement prend du temps, chaque choix que tu fais t'embarque pour plusieurs heures. Alors, si t'as envie de courir, cours. C'est vrai, parfois c'est grisant. Quelle joie de crier sur les toits du monde que tout ce qui se passe ici est incroyable. Comment les gens de la ville peuvent-ils encore penser que la campagne est sinistrée *(sic)* ?

Il y a aussi énormément de structures associatives qui apprennent sur le tas à se gérer, et ce n'est pas toujours évident. On y est confronté à une dynamique de groupe qu'on imaginait autrement, à des balbutiements, à des personnes qui s'impliquent trop, d'autres pas assez. On se retrouve parfois face aux mêmes tensions qu'au sein des organisations où l'on travaillait à la ville. Sauf qu'ici, on avait essayé de faire différemment, mais ça prend du temps, parce qu'on a toujours fait un peu de la même façon…

Sans oublier la réalité de la campagne : c'est dur d'y gagner sa vie, alors on essaie des pistes différentes, parfois on cumule les boulots, d'autres fois on participe à plusieurs projets en même temps, sans savoir lequel sera viable. On s'épuise dans un job alimentaire, et à côté, on essaie de faire ce qui nous ressemble, le temps que la mayonnaise prenne. Ou encore, on met toutes ses économies dans une entreprise, on se dit qu'il faut qu'elle décolle au plus vite, sinon…

Et puis, un jour, j'ai entendu cette phrase : « Je suis une très mauvaise boss avec moi-même, si c'était une personne extérieure, je lui aurais déjà dit stop. » Lorsqu'on se lance dans des aventures où l'on mène sa barque, c'est souvent sur des sujets qui nous tiennent à cœur, alors on y va sans compter, ni les heures, ni l'énergie, ni l'investissement, ni les retours que l'on peut avoir. Parfois c'est au moment où tout finit par bien se goupiller que l'on s'aperçoit qu'on flanche. Le corps lâche, on se retrouve au lit avec le dos bloqué, et le médecin qu'on appelle à la rescousse nous dit : « Vous savez que vous avez plus d'importance que votre travail ? » Ah tiens, on n'y avait pas pensé… C'est honorable d'accomplir de belles choses, mais à quoi cela rime-t-il, si elles nous font du mal ?

Qui nous oblige à procéder ainsi ? Pourquoi est-ce qu'on ne s'autoriserait pas à prendre le temps ? Des explications, il y en a tant. Parce que ces mécanismes sont ancrés en nous. Parce que l'on apprend dès l'école à se faire concurrence les uns aux autres, à sortir du lot, à être performants. Parce qu'on a quelque chose à prouver à ceux qui nous ont vus partir en rigolant. « Combien on parie qu'elle revient dans six mois parce qu'elle n'aura plus un kopek ? » « Mais qu'est-ce qu'il va aller faire dans ce trou paumé ? » Parce qu'on a des gamins, qu'on a embarqués dans l'aventure, et l'on ne voudrait pas qu'on nous traite de mauvais parent, qui pense à s'épanouir, au lieu de tout faire pour son enfant. Parce qu'on voudrait à tout prix mériter son RSA, et faire taire les voix alentour. « C'est des fainéants, qui vivent sur le dos de la société, de toute façon, les jeunes ne veulent plus travailler… » « Tiens, encore des retraités, c'est bien, ils s'occupent avec leurs petites assos. »

Peut-être aussi parce qu'on voudrait dire haut et fort : un autre monde est possible ! Et dans cet autre monde, on peut manger à sa faim, subvenir à ses besoins, collectivement ou en solitaire, ça n'est pas juste une utopie. Oui, on peut envoyer valser tous ces boulots à la con, ceux dont on a bien conscience qu'ils ne servent à rien, à part payer notre crédit immobilier, à part nous empêcher de demander encore un peu d'aide à Papa, Maman à la fin du mois, à part nous donner une consistance sociale, et un moyen de survivre.

Mais alors, si c'est ça, ne commençons pas par obéir aux règles d'avant. Faisons les choses tranquillement, réfléchissons. Acceptons l'errance et le doute. L'apprentissage du « faire ensemble ». Oui, ça fait parfois mal. Non, ce n'est pas toujours bien vu. Mais au moins, on n'aura pas fait tout ça pour retomber dans les mêmes pièges…

Parce que, je te l'ai déjà dit, mais ici, on a besoin de toi. Alors, s'il faut vraiment raisonner en termes d'utilité, tu vas pas nous servir à grand-chose si t'es au lit avec la maladie. Du coup, c'est pas grave, si t'arrives pas à suivre. C'est pas grave, si tu peux pas participer à tout. C'est pas grave, si certaines initiatives se cassent le nez, elles auront eu le mérite de voir le jour, ensuite, quand elles meurent, elles laissent un terreau fertile et des graines pour les initiatives suivantes.

Je crois qu'on a tous notre place ici, qu'on peut y trouver une sécurité, et si ça doit mettre un peu de temps, eh bien tant pis. Parce que si l'on se retrouve à se tordre le ventre de non-sens comme en ville, on n'aura pas grand-chose pour contre-balancer les misères que la campagne nous fait vivre.

Alors, prends le temps. Oublie ce que disent ou pensent les autres. Une chose est sûre : quand t'auras trouvé ton bonheur, plus personne n'aura rien à y redire.

Et puis, on parle bien de ta vie, n'est-ce pas ? Prends-en soin, on n'en a qu'une. D'ailleurs, c'est bien pour ça que t'es ici…

16-

Faire un enfant *à la campagne*

Je ne vais pas entrer dans la question du choix de faire un enfant ou pas, parce qu'il y aurait tout un livre à écrire là-dessus, et que ça n'a rien à voir avec la campagne. Je vais tout de même prendre quelques instants pour te dire que, sur ce point, la campagne est un peu différente de la ville, si jamais, tout comme moi, tu n'as pas d'enfants. Disons que nous sommes encore plus minoritaires qu'ailleurs. Ça te confrontera sûrement plus souvent à ton choix, tu ne sauras pas forcément avec qui en parler, ou alors au contraire, ça t'aidera à l'entériner, parce que tu te diras qu'il y a déjà plein de gamins à chérir autour.

Passons maintenant à la bonne idée de faire un enfant à la campagne. C'est peut-être l'une des raisons qui t'ont fait venir. Tu t'es dit que c'était vraiment c*n d'élever un enfant dans trente mètres carrés, qu'il méritait mieux que la pollution, le bruit, et des parents qui rentrent du boulot épuisés. Tu l'imaginais ici, courant au milieu des herbes folles, faisant des roulades dans ton jardin, discutant avec les poules, les brebis, les fleurs, et tu avais bien raison.

Je vois l'effet de la campagne sur les enfants autour de moi. Ils grandissent avec quelque chose de différent. Dans un monde plus paisible, qui regorge de ressources lorsqu'ils s'ennuient, qui leur offre un terrain de jeux infini, qui leur transmet des valeurs au quotidien. Dans le respect du vivant, aussi. Oh, ça ne veut pas dire qu'ils n'ont pas le rêve de devenir youtubeur, comme ceux de la ville, mais ils connaissent tout un tas de choses que les autres ignorent : le nom des oiseaux et des plantes qui les entourent, la saison des légumes, le vrai goût des choses. Ils savent aussi ce que c'est de se défouler dehors, de dormir sous une tente – même s'ils ne sont pas surhumains, et certains flippent –, de regarder le ciel des heures, allongés au milieu du jardin. En bref, ils sont bien dans leurs baskets, et c'est un bonheur de les voir être, et grandir.

Honnêtement, faire un enfant à la campagne, c'est la meilleure des idées que l'on puisse avoir – si tant est que l'on veuille un enfant.

Alors tu te demandes : « OK, mais il est où le loup ? »

J'y viens !

Comme je te le disais, pour eux, c'est carrément génial. Mais pour toi… ça va être un peu plus coton au début.

D'abord parce qu'il y a des chances que tes parents et tes beaux-parents habitent à des centaines de kilomètres de chez toi. C'est marrant, quand ils sont tout proches, on aimerait les envoyer sur la lune, mais quand ils sont loin, ça devient un peu dur.

Il y a la naissance, que tu aurais aimé partager avec eux, pour qu'ils connaissent les premiers instants de ton enfant. Bon, j'idéalise. Peut-être que ça sera bien, au contraire, qu'ils ne soient pas trop près, parce que sinon il y aurait leurs réflexions : sur ton quotidien encore bancal, ta maison pas encore finie, ta manière de te nourrir, et tout le tintouin. Ou alors, tu auras réussi à les faire venir quelques jours. Tu les hébergeras, et… pour les raisons que je viens de citer précédemment, tu les renverras assez vite chez eux.

Ensuite, il y a les débuts, quand la solitude t'envahit face à ton enfant, que tu ne sais pas comment faire, ni comment l'aimer, quand t'aimerais bien pouvoir t'épancher, ou trouver un peu de soutien et que… tous tes potes sont au bistrot, mais oui, on est vendredi soir. Et tes parents, t'as pas envie de les inquiéter, et puis au téléphone, c'est pas pareil.

D'ailleurs, ça fait combien de temps que t'as pas vu le bistrot, ni tes potes ? T'avais envisagé des sorties en couple avec le bébé, mais au début, ce n'est pas si facile. Vous arrivez, tout le monde le trouve mimi, puis les pleurs se déclenchent, tu sais pas pourquoi, il passe de bras en bras, jusqu'à ce que l'alcool coule à flots, et qu'il se retrouve dans les tiens. Tout le monde se marre, t'aimerais bien entendre les blagues, mais les cris t'en empêchent, bref, vous rentrez à la maison, et la prochaine sortie, ce sera… plus tard.

Voilà pourquoi t'aurais aimé que tes parents soient là, pour qu'ils gardent ton enfant, que vous puissiez vous échapper un peu.

Tu veux que je te dise la bonne nouvelle par rapport aux sorties ? Dès que ton gamin aura l'âge de marcher, tu pourras aisément l'emmener ! Eh, c'est pas en ville que tu ferais ça ! Si tu vas chez des amis, il aura de quoi gambader partout avec les autres enfants. Fini le petit carré de jardin ou de chambre, où coller les gamins pour qu'ils jouent. Ici, il y a de l'espace. Mais encore mieux ! Dans les cafés associatifs, les enfants aussi sont les bienvenus, ils s'autogèrent de trois à dix-huit ans – ils ont leur coin, leurs habitudes, leurs jeux. Elle est pas belle la vie ? Mais, fais gaffe à toi, si t'as pas la force de sortir un vendredi soir, c'est tes enfants qui viendront te rappeler à l'ordre : « Dis, c'est l'heure de l'apéro, allez on y va, bouge-toi ! »

Ah tu vois que finalement, c'est une bonne idée, les enfants à la campagne.

Tututut… le chapitre n'est pas fini. Je ne t'ai pas encore parlé de quand ils grandiront.

D'abord, ils iront à l'école – à moins que tu n'optes pour l'école à la maison. Le matin, il faudra les lever suffisamment tôt pour qu'ils attrapent le bus de ramassage scolaire, qui lui-même passe suffisamment tôt pour pouvoir faire le tour de la commune. Ça piquera les yeux de se lever à cette heure-là, parfois tu réclameras le métro. Qu'il était beau ton métro, il était en bas de chez toi, vous l'auriez pris ensemble, il y aurait eu cette odeur de… Ouais non, vaut toujours mieux se lever aux aurores.

Et puis après les cours viendront… les activités ! Eh oui ! T'es pas un parent indigne ? Je t'ai dit, qu'il y avait mille choses à faire ici. Et c'est « qui qui » va emmener les enfants à leurs activités, toutes plus passionnantes les unes que les autres ? C'est Bibi ! Ne rêve pas au train ou au bus qui pourrait te remplacer, car une fois que tu auras découvert les horaires et lieux de passage, tu y renonceras, en tout cas en partie ! Bonjour les kilomètres en voiture, dans une direction, puis l'autre – ouais parce que chaque enfant est unique, tu crois pas qu'ils vont choisir le même loisir juste pour te faire plaisir. Bon, peut-être que pour maximiser les trajets, toi, tu choisiras les mêmes qu'eux !

Ça, c'est quand tout va bien, mais t'imagines quand vient l'hiver et que tu tombes en panne au retour. Les enfants sont en train de chanter à tue-tête – parce que visiblement le volley pour l'un, le violon pour l'autre, ça n'a pas suffi à les épuiser –, il fait noir et froid, et toi, t'as toujours pas appris à te servir d'un cric – ben quoi, on a dit qu'on ne jugeait pas le niveau de bricolage des uns et des autres. L'avantage, c'est que, là, tu vas pouvoir les regarder, les étoiles.

Bref, tout ça c'est juste un peu de préparation. Mentale, physique…

Parce qu'en définitive, ce sera le bonheur d'élever des enfants dans ton coin de campagne. Faudra quand même accepter, s'ils te disent qu'ils veulent devenir banquier ou youtubeur, alors que toi, t'as fait une reconversion, en passant des grandes tours de La Défense à l'élevage de brebis. Ils ont le droit, c'est leur vie.

T'inquiète, vous partagerez des choses que vous n'auriez jamais partagées ailleurs. Tu leur apprendras à prendre soin des animaux et de tout ce qui les entoure, tu leur feras goûter à des soupes que toi tu n'as pas pu avoir, tu leur offriras une voûte céleste remplie d'étoiles dont ils connaîtront le nom, peut-être même avant toi. Cet espace qu'ils auront autour d'eux viendra probablement remplir leurs têtes de rêves, auxquels ils continueront de croire même quand les années passeront, comme si l'immensité de leur environnement influait sur leur état d'esprit. Et toi tu les regarderas grandir avec fierté.

Vas-y, fonce, je ne connais personne ici qui regrette de l'avoir fait.

17-

Faire un potager *à la campagne*

Tout aurait été plus simple, si, lorsque nous sommes arrivés, quelqu'un nous avait dit : « N'oubliez pas de bâcher votre potager. » Je n'y aurais rien pigé, mais une fois qu'on m'aurait expliqué, nous aurions évité des heures de sueur et de travail ingrat, celui qui consiste à travailler la terre.

Alors je te le dis : si tu veux éviter de bêcher, bâche !

Dès que possible, là, maintenant, tout de suite. Cours dénicher quelques morceaux de plastique noir dans ta grange. Si tu n'en as pas, du carton et de la paille feront l'affaire. Va les disposer dans ton futur potager, dessine tes parcelles avec.

Dans quelques semaines, ou mois, tu diras : « Eurêka ! » Car, sous ces petits carrés bénis, la magie aura opéré : les vers de terre auront fait tout le travail, que tu n'auras plus à faire. La terre sera souple, l'herbe prête à être arrachée, et les semis prêts à être plantés.

Les se… quoi ? Les semis pardi !

Ah ! Attends, je vois, toi non plus tu n'y connais rien. Pas de soucis, tu vas voir, dans quelque temps tu te prendras pour un de tes lointains ancêtres, tu sauras faire sortir de terre tout ce que tu souhaites, tu auras un jardin synonyme d'abondance, et tu pourras même *aspirer à l'autonomie.*

Hahahaha.

Attends, excuse-moi, je me marre. Je ne me moque pas de toi, mais de nous. De moi, de toi, de tous les autres citadins, à qui l'on vend le rêve de l'autonomie, et qui sont confrontés, une fois sur place, à la réalité : on ne remplace pas le temps. Le temps d'apprendre, le temps de se muscler, le temps de faire, et puis le temps de la météo qui va bien te faire braire (surtout que la météo, ça craint un peu ces derniers temps).

Donc, revenons-en aux semis. Pour faire un jardin, tu as le choix : acheter des plants, ou acheter des graines et faire des semis. Ou les deux, c'est encore mieux ! Dans tous les cas, il faut bien choisir la personne à qui tu les achètes. Car même si tu y mets tout l'amour du monde, que tu les élèves au naturel, que tu as la main verte, si t'as acheté un plant ou une graine qui est standardisée, ou nourrie aux produits chimiques, eh bien, tu auras quelque chose qui y ressemble, au final…

Une des premières choses à faire est de consulter un calendrier des semis. On dirait que le jardin potager est une activité de printemps, mais en fait, ça commence bien avant

– bâcher et semer, ça se fait en hiver. Autant te dire que ça non plus, on ne nous l'avait pas dit. Si bien qu'on a fait nos premiers semis avec deux mois de retard, mais hyper fiers de planter des graines pour la première fois. La surprise, c'est qu'ils ont très bien poussé, comme il faisait déjà beau et chaud. On entrepose généralement nos semis sur le rebord de notre plus grande fenêtre, ça leur fait comme une serre, et nous, ça nous fait trois fois plus de boulot pour fermer les volets chaque soir. Tu verras, le lieu des semis est une vraie question cruciale (certains construisent même des étagères ou des supports adaptés).

On était hyper optimistes quand on a fait nos premiers semis. Ou plutôt, on est partis pessimistes : on pensait que nombre d'entre eux allaient mourir en cours de route. Alors on a semé l'ensemble des graines qu'on avait commandées. En fait, tout a survécu, et plutôt bien. On a donc eu des dizaines et des dizaines de plants à mettre en terre au jardin. C'est là qu'on a fini optimistes, en se disant que c'était une super nouvelle.

Mais pourquoi serait-ce une mauvaise nouvelle ? Oh sûrement parce qu'il y aurait trop de légumes à récolter ! Aucun problème, on partagerait avec les copains !

Non, non, non… Parce que, pour avoir la place de les mettre, il nous a fallu bêcher quelques coins de potager qu'on n'avait pas bâchés. Ensuite, parce que planter quelque chose dans la terre, c'est tout à la fois la chose la plus belle du monde, et la plus fatigante.

C'est beau, parce que t'as les mains dedans, tu touches la terre, son humidité, sa texture, tu effleures les racines de tes plants, leurs feuilles, tu sens déjà l'odeur des tomates – c'est véridique –, ça te vide la tête, et aussi, t'en tires une grande émotion.

T'es dans le secret de la fabrication de la vie.

Pour la partie moins cool : t'as déjà eu un lumbago ?

Moi, j'en avais jamais eu avant de vivre ici. Je croyais que « se bloquer le dos » était une expression de vieux. Eh bien… Après avoir passé des heures et des heures accroupie près de mes carrés de jardin potager, penchée en avant pour planter mes trésors, je n'en suis pas ressortie indemne. Si ça peut te rassurer, mon compagnon, lui, allait bien. On n'est pas tous égaux face au jardin.

Une fois que tu as planté, vient le moment de veiller. Oups ! Il a gelé cette nuit. Alors, c'est que tu as planté trop tôt – c'est l'avantage, si tu fais tes semis à la bourre : ça ne peut pas t'arriver. Si tu te dis « Mmmmh, il commence à faire bon, j'y vais ! », attends encore. Observe la météo, vérifie-la. Encore une fois. Et si jamais, malgré tes précautions, il gèle, alors que rien ne le présageait, eh bien il ne te reste plus qu'à militer en faveur du climat – je dis ça, je dis rien, mais tu sais, toutes les fois où t'as observé des changements radicaux de températures, ces dernières années ? Toutes ces fois-là, ça a été le bazar au jardin. Je dirais même la catastrophe.

Revenons à nos légumes. En prendre soin. Les arroser ? Ah, ça, c'est une question de point de vue. Il y a les adeptes du oui. « Comment ça peut pousser sinon ? » Mais fais gaffe, parce que les légumes gorgés d'eau, c'est vraiment moins bon. Les adeptes du non. « Faut que les plants soient autonomes ! S'ils s'y plaisent, c'est bien, sinon, on plantera autre chose ! ». Et puis il y a ceux du milieu : nous, on arrose un peu au début, puis on arrête.

Ensuite, il y a les limaces. Ah, tu vas aimer être écolo dans ces moments-là ! Quand il va falloir les enlever une à une, le dos courbé évidemment, et tous les soirs de préférence. Je te parle même pas des rats taupiers : tu mets dans la terre une dizaine de plants de salade. Trois jours après, tu viens leur chanter une berceuse, et tu t'aperçois que trois d'entre eux manquent à l'appel. À leur place, il y a simplement un vilain trou. Cherche pas, c'est le rat taupier qui te les a volés. Le plus rageant dans tout ça, c'est que le plant il faisait à peine deux feuilles. Franchement, il aurait pu attendre que ça grandisse, ça n'aurait pas disparu pour rien… Je te parle des chevreuils ? Si t'es dans un coin un peu sauvage, sache que ce sont de gros gourmands – mais quand même t'as trop de la chance de pouvoir en observer d'aussi près.

Le potager, donc, ça t'apprend à partager. Il faut se le dire, sinon, ça déçoit. Ou alors il faut tout de suite y mettre un coup de karaté.

Ça t'apprend l'humilité aussi. Parce que parfois, t'auras beau avoir fait tout ce qu'il faut, tu récolteras pas grand-chose. Il y aura les graines que tu avais mal choisies, ou alors elles étaient trop vieilles. Sans parler du mildiou, de la sécheresse, des fourmis arrivées trop tôt… Ou tout simplement, tu n'auras pas d'explication, c'est le temps qui t'apprendra, ou bien la terre qui aura ses mystères.

Certains abandonnent l'idée de cultiver quelques légumes. D'autres persévèrent, et se font une raison : les tomates au goût sucré qu'ils ont le bonheur de cueillir, même si elles n'arrivent qu'en septembre, même si elles ne sont pas nombreuses, ça leur suffit à se réjouir. Ils se délectent des bonnes surprises. Par contre, ils y mettent un peu moins d'énergie l'année suivante, et poussera ce qui poussera. Et puis, en définitive, l'autonomie alimentaire, il y en a qui y parviennent. Mais ça fait quinze ans qu'ils sont là.

Il y a une règle à laquelle on ne déroge pas : chaque année, nous plantons des arbres fruitiers. Si ce n'est pas pour nous, ce sera pour les autres, ou pour les générations suivantes. D'ailleurs, on a constaté une chose : quand notre récolte est mauvaise, il faut faire confiance à la nature, et au partage. Hop, un ami généreux nous invite à grimper dans son mirabellier, parce que c'est l'abondance. Quinze kilos plus tard, nous voilà à faire des confitures. L'année suivante, on récupère douze kilos de quetsches, parce qu'on avait participé à un événement où l'on cuisinait tous ensemble, à partir de fruits récupérés auprès d'un maraîcher.

Quand vient l'automne, prépare tes réserves de pots vides, de sucre, de bocaux. C'est le temps de la transformation, quelle que soit la provenance de tes fruits et légumes. Le seul inconvénient de tout ça, outre le temps que ça prend, c'est qu'une fois que tu auras goûté aux confitures faites maison, tu ne pourras plus en manger d'autres.

Bonne régalade, et n'oublie pas d'aller bâcher ton potager !

18-

Faire l'amour à la campagne

Aaaaaah, faire l'amour à la campagne ! Y a-t-il plus bel endroit ? Au milieu des épis de blé, avec, en fond, une musique romantique, deux corps s'élancent l'un vers l'autre et s'enlacent… T'en as le palpitant qui bat rien que d'y penser.

OK. On se calme.

D'abord, je tiens à te dire que les épis de blé, ce sont ceux de ton voisin agriculteur, et que si tu tiens à tes bons rapports de voisinage, ce n'est pas une bonne idée d'aller y roucouler. Ensuite, si tu te dis : pas grave, il me reste mon jardin ou mes prés, ben… vérifie la vue qu'on a sur ton jardin depuis la route, en tracteur justement. Bref, t'as compris, c'est mort, t'aurais dû choisir une maison entourée de grands arbres… Bonne nouvelle quand même, il te reste toutes les pièces de ta maison, ou alors les sorties furtives la nuit. Finalement, il n'y a rien de bien compliqué à faire l'amour à la campagne, si tu es en couple.

Les choses deviennent plus problématiques si tu es célibataire. Déjà, va-t'en rencontrer quelqu'un dans un bled où il n'y a personne. Merci du cadeau ! De toute façon, on te l'avait dit, c'est pas dans le trou du c*l du monde que tu vas croiser l'amour de ta vie, fallait y penser plus tôt !

Wait ! Mais, en ville, t'étais déjà célibataire, non ? Ce n'est donc pas là-bas que tu as trouvé chaussure à ton pied. Et si, justement, c'était le moment de rencontrer quelqu'un de différent ? Quelqu'un de plus jeune. Comment ça, tu t'étais promis de ne jamais tomber dans les clichés ? Je te rappelle qu'ici, on se contrefout de ce que les gens pensent (de toute façon, ça ne les empêchera pas de penser et de jaser). Sinon, quelqu'un de plus âgé. Le grand air, ça maintient en bonne santé, tu peux y aller. Ou encore quelqu'un d'ici, qui a les pieds ancrés dans la terre, qui t'apprendra à prendre soin des animaux. Ça durera le temps que ça durera, peut-être jusqu'à ce que la mort vous sépare, ou juste le temps de vivre quelque chose d'intense. Ce sera l'occasion de renouer avec tes valeurs profondes. Oh, comme je te disais, ça restera compliqué de faire l'amour. Surtout si tu vis avec tes enfants, l'autre avec ses parents. T'inquiète, vous pourrez aménager un petit coin de paille dans l'étable, pas pour faire naître le petit Jésus, mais pour… bref, tu vois ce que je veux dire. Ce sera excitant de se retrouver à la nuit tombée, avec le froid qui fait frissonner les corps, et l'amour comme unique source de chaleur. La clandestinité dans les bottes de paille. C'est le moment d'oser des relations que tu n'as jamais tentées jusqu'ici.

Si ça se trouve, tu vas errer. Tu te diras qu'effectivement, ils avaient raison, ceux qui te mettaient en garde. Il n'y a que des couples autour de toi. Les quelques célibataires, t'en as vite fait le tour. Le soir, tu te prélasses dans ton chez-toi, face à ton chat, celui qui ne tue même pas une souris. Pfff, heureusement qu'il est doué pour les câlins ! On va te dire que c'est l'occasion de te retrouver. OK, mais ça fait un bail que tu te retrouves, il serait temps de faire d'autres trouvailles, non ? Va falloir faire preuve de patience, refiler ce livre à plein de monde autour de toi, pour qu'ils débarquent, les autres célibataires !

Et puis aussi… explorer.

T'iras à la ville de temps en temps, pour t'éclater avec des amis, emballer pour un soir, de manière anonyme – oui parce que… emballer pour un soir dans ton village, t'as compris que ce n'est pas possible ? Enfin, disons qu'en tout cas il faut composer avec le fait que tout le monde sera au courant, et que tu reverras la personne une paire de fois, pour ne pas dire tous les jours… Bonjour le malaise ! T'iras à la ville donc, tu danseras sur les tables, on te prendra par la taille, tu te laisseras aller à rêver, et le lendemain, avec la gueule de bois, tu te rendras compte que c'était pas ce que tu cherchais. De toute façon t'es pas là pour trouver l'amour, juste pour t'amuser. Tu fileras en douce… Jusqu'au jour où tu croiseras quelqu'un de différent, venu d'une campagne voisine de la tienne. Pas l'amour au premier regard, mais quelqu'un que t'auras envie de revoir. Sa campagne, c'est pas le bout du monde, c'est juste à quarante kilomètres. Mais à force de les parcourir sans cesse dans un sens puis dans l'autre, vous finirez par trouver une troisième campagne, pour tout recommencer ensemble, ailleurs.

Ou alors, tu vas errer, jusqu'au jour où tu traverseras la France pour te rendre à un festoche que des copains t'ont conseillé : le « Festival de la grosse entube ». Et « bim », tu sais pas pourquoi, t'y rencontreras l'amour. Un amour qui sera un peu loin, certes, mais si la personne dispose des prérequis cités dans la première partie du livre – folie, c*nnerie, et *tutti quanti* –, qui sait, peut-être qu'elle te rejoindra ! Je ne dis que la vérité, tu sais. Ce festival existe vraiment, et il a déjà créé des rencontres, qui ensuite mènent à cohabiter, puis à faire un bébé. Tu vois, vaut mieux abandonner tous les *a priori*.

Puisqu'on n'a pas de tabous, je te parle du cas où tu es en couple et que t'as envie d'aller voir ailleurs ? C'est peut-être pas ton truc, c'est pas le mien, mais n'empêche, on le sait, ça arrive, pour une raison ou pour une autre. Là, je te le dis tout de suite : *warning !* Il y a à peu près 100 % de chances pour que tout ça finisse de manière dramatique – avec le combo sujet sensible + ragots + rideau qui se soulève aux fenêtres « Haaaaan, tu sais pas qui j'ai vu cet aprem, qui se baladait avec tu sais pas qui ? ». Oublie. Ou alors il faut que tu sois du genre à pouvoir déménager facilement. Malgré le risque, ils sont nombreux, ceux qui se donnent rendez-vous dans les recoins cachés, chacun arrivant avec sa petite voiture. Recoins cachés connus de presque tous. CQFD.

J'en profite pour aborder l'amour au temps des ruptures. Si tu arrives ici avec quelqu'un, et que vous en venez à vous séparer, il n'y a pas à dire, ce sera plus difficile qu'en ville. Là-bas, on fréquente les mêmes amis, les mêmes lieux, et c'est déjà dur de voir ses habitudes chamboulées, de se répartir les soirées pour ne pas avoir à se côtoyer sans arrêt. Ici… c'est mission impossible. Vous allez vous croiser, et vous recroiser sans cesse. Ou alors, il faudra faire une croix sur votre bar du coin préféré, attendre qu'une bonne âme en ouvre un autre – ou se lancer dans l'aventure, c'est l'occasion ! Parfois, certains déménageront, c'était devenu trop douloureux, et d'autres… se remettront ensemble – se voir si souvent, ça permet de se rendre compte qu'on ne voulait finalement pas se passer de l'autre.

Et comment ça se passe si t'es homo ? Comme tous les autres célibataires, t'auras sûrement l'impression que c'est le désert, mais peut-être encore plus. Si t'as la chance de rencontrer l'amour, les jugements, tu ne les entendras pas vraiment, ou peut-être les entendras-tu dès que t'auras le dos tourné ? Est-ce que ce sera foncièrement différent de la ville ? Tu te sentiras peut-être moins en danger, parce qu'ici, il y a moins de monde, et moins de risque d'agression. Mais t'auras peut-être aussi l'impression d'avoir moins de soutien et moins d'oreilles pour t'écouter, toujours une question de nombre. Quant à tes voisins, il leur faudra, comme pour toutes les différences, respecter la tienne. Tu pourras les y aider, si t'en as le courage, la force et l'envie. Peut-être que justement, tu feras reculer leurs préjugés – si d'aventure ils en avaient.

L'amour à la campagne, donc, ce n'est pas simple. Mais finalement l'amour est-il simple quelque part ?

À la ville on se plaint d'avoir toujours le nez dans nos téléphones, à guetter le moindre « ding », qui va annoncer un *match* sur une appli de rencontres ; de se croiser, s'embrasser sans même prendre le temps de se rencontrer. Ici, il y a le temps. Il manque juste le nombre. Mais c'est l'occasion de voir les choses différemment, de s'interroger sur ce que l'on cherche chez l'autre, de le laisser nous emmener dans des univers qu'on ne pensait pas explorer. Oui, c'est ça, ici, en définitive, il y aura peut-être moins d'aventures, mais chacune en sera pleinement une.

19-

Faire la fête *à la campagne*

Si on m'avait dit que je ferais bien plus la fête à la campagne que je ne la faisais à Paris, je n'y aurais pas cru. D'ailleurs, ce constat, nous l'avons fait avec un copain. Nous étions en terrasse, en plein hiver, emmitouflés dans nos manteaux, à discuter politique, puis boire un godet, discuter artistique, boire un autre godet, se faire une bonne blague, boire un godet, en faire une autre, rire aux éclats, peut-être comme des ânes, puis à se dire : « Dis, si les gens de la ville savaient, s'ils nous voyaient, s'ils imaginaient vraiment, ils débarqueraient tous, non ? »

Il faut avouer que le cadre se prête à la fête. Chez soi par exemple. Ici, on peut inviter tout un village, sans que ce soit problématique. Les habitations des uns et des autres regorgent de grandes pièces, qu'on barricade l'hiver, mais qu'on peut rouvrir le temps d'un Nouvel An, de granges où tout est à refaire mais qui abritent les repas pluvieux printaniers, de jardins où l'on dresse de grandes tablées, une fois l'été venu.

Là tu te dis : c'est bien joli mais ce n'est pas pour moi ça, les journées à passer à cuisiner, à tout installer, à stresser pour l'organisation. Eh bien, pour moi qui ne suis pas vraiment une fée du logis, les fêtes de la campagne, ça se passe plutôt sans stress. Il y a toujours des copains pour te demander si t'as besoin d'aide pour installer, et pour se rendre disponibles le cas échéant les jours précédents. Tu pourras mettre des guirlandes lumineuses, des bouquets de fleurs partout, c'est le moment de te faire plaisir. Parfois t'auras l'impression d'être à un mariage, sauf que ça ne t'aura rien coûté !

Question cuisine, tout le monde vient avec des victuailles faites maison : un plat, un dessert, une limonade, une liqueur, et ce, sans même que tu aies à le préciser. Tu vas pouvoir goûter à la cuisine de chacun, tu sauras bientôt qui fait les meilleurs desserts, qui a de super fruits et légumes dans son jardin, et qui distille l'alcool de prune comme personne. Souvent, c'est tellement l'abondance qu'après un déjeuner, il faut renouveler ça le soir même. La seconde fête en enfilade, c'est celle où on rigole le plus. Tout le monde est bien détendu, on s'est côtoyé déjà des heures durant…

Pour l'animation de ce grand moment, t'as pas non plus à t'inquiéter. Dans le lot de copains, il y a toujours des zikos qui sortent leurs instruments et improvisent. Hop, tu te retrouves à danser, et une vingtaine d'autres avec toi. Mais pas comme en boîte hein. Non, non, ici tu fais de la polka, de la valse, et autres joyeusetés. Si tu ne connais pas les pas, ne te fais pas de soucis, il y a quelqu'un pour te les apprendre !

Mais au fait, les enfants, ils sont passés où ? T'inquiète ! Ils sont partis explorer la grange, ils ont déniché des vieilleries, et inventé de nouveaux jeux avec. Respire. Tout est sous contrôle. Même la vaisselle, certains s'en sont déjà chargés. Le rangement, *idem.* Bon, je ne te dis pas qu'il n'y a jamais de casse – il vaut mieux sortir les vieilles assiettes, tu sais, celles que tu as dénichées dans la grange.

La seule organisation qui pourrait laisser à désirer, c'est celle du retour de tes invités chez eux. Forcément, après une journée entière à ripailler, il n'est pas garanti que tout le monde soit en état de conduire. Tu peux prévoir les tentes, mais en général, personne ne voudra rester. Alors, soit t'as une grande force de conviction, soit faut que tu prévoies d'être short en alcool, comme ça, la boisson s'arrête avant la fin des réjouissances.

En définitive, le seul problème des fêtes, c'est de savoir dire non. Quand Untel en propose une le mercredi, Unetelle le vendredi, et que toi t'en organises une le samedi… Quand est-ce que tu te reposes ? Pourtant, c'est tentant. Et puis, telle invitation, t'aimerais bien l'honorer, parce que ça fait longtemps que tu n'as pas vu ces copains-là. Mais, dire non, parfois c'est vital. Sinon tu débarques un jour devant ton médecin : « Dites donc, vous avez sacrément mauvaise mine, vous travaillez trop, non ? » « Non docteur, je bois, je danse, je fais la fête jusqu'à épuisement, je suis en burn-out de teuf. » Mouais… Mieux vaut ne pas en arriver là.

Alors tu dis non, une fois. Puis une deuxième. Tu ne t'encroûtes pas pour autant, mais tu sors simplement raisonnablement. Au bout de quelque temps, tu te rends compte que tu reçois beaucoup moins d'invitations. Tiens, les gens ont arrêté de se voir ? Non, c'est juste que, pour la fête, il faut être au rendez-vous, montrer sa tête. T'inquiète, si t'es en manque, il te suffit d'en organiser une, pour relancer la machine. Ensuite il faudra de nouveau la freiner. C'est le serpent qui se mord la queue.

D'ailleurs… s'il y a autant de joyeusetés, et si peu de monde à la campagne, je ne vais pas te faire croire que tu vas tout le temps voir des gens différents. Non, en fait, tu vas baigner dans le microcosme de la campagne, avec tes petites habitudes, et très souvent, les mêmes gens. Or, les gens, ils sont humains. Et parfois, les humains, c'est compliqué. Ça parle les uns sur les autres, ça rabâche les mêmes conversations, ça a des défauts que t'aimes bien, mais pas trois soirs par semaine. Du coup… c'est pas mal aussi de trouver des moyens d'échapper à cette promiscuité. Aller en ville une fois de temps en temps. Tester un autre bar, même s'il est un peu plus loin, rompre le fil de tes habitudes, histoire d'aller vers de nouveaux horizons, rencontrer d'autres personnes, pour pouvoir retrouver les premières encore mieux, parce que c'est sûr, tu les adores !

Comme c'est grand chez toi, tu n'organiseras pas seulement des journées de fête, mais aussi des week-ends entiers. Ce sera pour faire venir ceux de la ville, qui te manquent, et réciproquement. Il y a de la place, et ils seront tellement heureux de parler aux vaches, de gambader sur les petits chemins, de manger de bonnes choses, de siroter des bières artisanales. Meilleurs week-ends garantis. À condition cependant d'un peu d'organisation. Là, c'est pas tout à fait pareil qu'avec les copains du coin, qui peuvent arriver les bras chargés – t'as déjà vu des potes débarquer du train avec un banc, des chaises et un gratin de courgettes ? Et l'autre condition, à retenir dès aujourd'hui : c'est que ce soit toi qui invites, et non pas les gens qui s'invitent. Il va falloir apprendre à dire non.

Parce qu'une fois que tu seras dans ta campagne, tu vas découvrir que tu avais beaucoup plus d'amis que tu ne le pensais. Des amis avec qui tu n'as jamais passé ne serait-ce qu'un week-end, et qui tout à coup, ont bien envie de se faire des vacances chez toi… euh pardon avec toi. Mais, toi, t'es en plein boulot. T'inquiète ils se feront discrets (*spoiler :* en fait pas du tout), ils seront autonomes (« Quand est-ce qu'on mange ? T'as prévu quelque chose ? Ah tu bosses ? Mais je croyais qu'on passait du temps ensemble… »), ils ne seront pas du tout envahissants (« Dis donc, on vient de s'apercevoir que vous étiez aussi sur notre route du retour, à mi-chemin de nos mille kilomètres, ce serait top qu'on se revoie, on n'a pas vraiment eu le temps d'échanger, ça vous dit ? »). Il vaut mieux dire « non » avant que les incrustes ne débarquent, car une fois qu'ils sont là, c'est encore plus douloureux. Et quand ils sont partis, t'as définitivement perdu des potes.

Si tu veilles à un bon équilibre, pour toi et pour les autres, au bout de quelque temps, tu te rendras compte que ta maison est devenue un peu plus que ta maison. Certains amis tiendront à y venir, plusieurs fois par an, pour se ressourcer, pour se retrouver, avec ce plus ou moins petit comité que tu invites toujours. Tes potes d'ici seront contents aussi de vous rejoindre, de croiser d'autres têtes, d'en inviter que tu ne connais pas. Vous serez quelques-uns comme ça, à avoir créé une ambiance qui réunit. Et même si, parfois, ça te demande un peu de travail – parce que j'ai peut-être exagéré, les fêtes c'est pas complètement sans stress, ça reste toujours un gros bazar qui se passe chez toi –, tu constateras avec émotion qu'on a toujours envie d'y revenir.

20-

Faire un collectif *à la campagne*

On est bien d'accord, l'avenir de l'humanité c'est ensemble qu'il se joue, pas chacun dans son coin ? C'est bien pour cela qu'on vit en société, que l'on mène des projets à plusieurs, n'est-ce pas ?

Mais punaise, qu'est-ce que c'est dur ! La gestion des relations humaines, c'est le travail de toute une vie... Même plus ! Je suis sûre que sur notre lit de mort, on en apprend encore.

Eh bien, il y en a, par-dessus ça, ils décident aussi de vivre ensemble. Zinzins les gens ! Ils créent des projets artistiques collectifs, des fermes collectives, des écolieux, des écovillages, et que sais-je encore.

C'est peut-être zinzin, mais franchement, chapeau ! Je suis admirative, moi qui ne sais pas faire. Parce que, même si, il faut le dire, il y en a qui se déchirent, d'autres bâtissent des choses que l'on ne peut faire seuls. Quelqu'un a déjà essayé de poser la poutre centrale de sa maison sans l'aide de personne ? Non, il a fallu faire appel à une entreprise. Eh bien, chez ceux qui vivent à plusieurs, ça envoie du steak : la poutre est en place en quelques heures ! Tout est possible, parce qu'il y a parmi eux différents talents, différentes envies d'apprendre, différentes constitutions et manières d'être, et qu'il y aura toujours, et à tour de rôle, quelqu'un pour dire : « On peut le faire ! »

Force est de constater qu'ils ont raison : ils peuvent le faire. On voit des gens qui n'avaient jamais vécu à plusieurs, ni même rien fait de leurs mains, pour certains, construire une baraque tous ensemble. On en voit inventer l'harmonie, au sein d'un groupe humain. Combien de fois s'est-on retrouvé à quitter un boulot, ou un lieu, parce qu'on n'arrivait pas à se faire entendre, ni à trouver sa place ? Au sein d'un collectif, certains s'attachent tant et si bien à communiquer sans violence, à prendre en compte les différents besoins et envies, que chacun peut y découvrir son rôle. On en voit inventer l'autonomie alimentaire – tu sais, la fameuse, qui pour nous, anciens citadins qui vivons seuls, est un mirage – ou même l'autonomie énergétique. Sans parler de l'impact politique : beaucoup en profitent pour s'impliquer dans la vie locale – à plusieurs, on se sent moins seuls face à d'éventuels dinosaures, qui reproduisent encore et toujours la même façon de faire. Ils vont à la rencontre des autres, se mélangent, s'apprivoisent. Ensemble, on peut tout faire, on a la confiance, le grain de folie, les énergies, l'entrain !

C'est beau.

Seulement, il ne faut pas y aller tête baissée – à moins de pouvoir tester quelque temps, sans engagement, notamment avec des chantiers participatifs.

D'abord, je crois qu'il faut bien se connaître soi. Ne pas s'embarquer dans une aventure comme celle-ci parce qu'on nous a dit que c'était cool, et que c'était l'avenir de l'humanité – c'était quoi déjà le nom de ce livre qui nous a mis dans cette galère ? Savoir de quel degré de solitude on a besoin, comprendre pourquoi on se pose mille questions quand on ne sait pas faire, alors que les autres se lancent sans prise de tête et apprennent sur le tas. Écouter ce qu'il se passe à l'intérieur de nous, quand quelqu'un nous remet en cause, quand une communication prend un mauvais tour. En somme, travailler sur soi et sa relation aux autres en permanence.

La bonne nouvelle, c'est que nombre de gens sont passés par là avant nous. Il y a donc des outils de communication, de gestion de groupe, de gestion de projets. Pour les découvrir, il va falloir mettre le nez dans les bouquins qui parlent spécifiquement de ces sujets, fouiller sur la Toile, rendre visite à d'autres collectifs.

En allant observer, çà et là, on apprendra par exemple que c'est compliqué de monter des projets qui se passent chez une des personnes du collectif. On croyait pouvoir se débarrasser de la notion de propriété, mais voilà qu'on est rattrapé par la réalité, et le monde dans lequel on a baigné depuis toujours. Vient un moment où l'on ne se sent pas chez soi – et ce sentiment peut venir aussi bien chez les personnes qui ont rejoint le lieu que chez celles qui le possèdent.

Alors, on vogue, on part vers un habitat collectif, ou chacun aura une parcelle de terrain. On y construira, en fonction de ses moyens, une grande maison écologique, ou bien une toute petite cabane de rêveur, ou alors, on y posera une yourte. Là, déjà, chacun chez soi, ça devient différent. Pour le terrain, on a fait une SCI, c'était ce qu'il y avait de plus sécurisant. Sécurisant pour qui déjà ? Arrive un jour où l'on veut s'en aller, et voilà qu'on se met sur la tronche : on ne peut pas vendre, les autres bloquent, ils n'aiment pas les remplaçants qu'on a choisis. Zut, on n'avait pas pensé à tous les problèmes possibles, en cas de rupture.

Bon, cette fois, on s'en va pour un squat ou une ZAD (la zone à défendre de Notre-Dame-des-Landes, par exemple, mais il y en a tant d'autres, qui luttent contre les grands projets inutiles), au moins, là-bas, pas de problème de propriété. Pourtant, dans ce collectif, il y a encore des personnes qui « possèdent » plus que d'autres, des outils, des savoirs, l'histoire du lieu et de ses batailles… Encore ici, on peut voir des jeux de pouvoir, des ego, des envies inassouvies, des préjugés, des non-dits, alors qu'on pensait être loin de tout cela, en se regroupant autour des mêmes valeurs et d'un projet qui a du sens.

En réalité, les mécanismes humains restent les mêmes partout. Alors il n'y a pas d'autre choix que d'y travailler sérieusement.

Si, malgré nos efforts, on n'y parvient pas, on peut aussi reconnaître que ce n'est pas notre truc, et qu'on n'est pas une mauvaise personne pour autant. On apportera simplement notre pierre à l'édifice, sans devoir aller jusqu'à vivre ensemble. Ou alors, au fil du temps, on changera, et après un moment dans notre cocon, on sera à même de s'ouvrir à nouveau à cette expérience.

On peut aussi n'avoir jamais tenté de s'installer à plusieurs, mais aboutir à cette situation de manière spontanée.

Par exemple, on habite à la campagne, on dispose de grands espaces : une grange, une maison, un jardin – l'un des trois, ou tout à la fois. Ça nous paraît vraiment immense, tout ça juste pour nous, on se dit que ce serait une bonne idée de partager un peu, parce qu'il y a des gens qui ont besoin d'espace et qui n'en ont pas les moyens. Oh, ils ne demandent pas grand-chose, peut-être juste poser une caravane dans notre jardin pour y habiter, ou occuper un bout de notre grange pour un projet. Nous, on a soif de rencontres, de solidarité. On a envie de tisser des liens qui ont du sens, de montrer que le monde ce n'est pas juste ce qu'on en voit à la télévision : des gens qui se tapent dessus, qui se font de sales coups. Il n'y a pas que de la misère, il y a aussi de l'entraide. On voudrait restaurer la confiance. Et puis… bon… c'est vrai que tout cet espace, c'est pas facile à entretenir, à rénover, il y a tant à faire. C'est une idée ça ! Des gens pourraient s'emparer d'un coin de notre « chez-nous », donner des coups de main pour en faire quelque chose de vivable, et en échange, ils auraient le droit de l'habiter.

On entend parler de musiciens qui cherchent un endroit pour répéter, alors on leur propose de venir. Ils sont super contents ! Ils se mettent à l'ouvrage, coulent une dalle, font une estrade, isolent un peu les murs, dégotent des sièges, des fauteuils, des éléments de décoration. C'est tellement beau que ça devient tout à coup une évidence : il faudrait faire de la grange un bar associatif, où on produirait des concerts ! On dit : « *Go !* » Le public débarque, ses yeux brillent, on est fier d'y avoir contribué. Ça marche tant et si bien que, six mois plus tard, on a l'impression de ne plus être chez soi… Peut-être qu'on a loupé un coche, on avait oublié qu'accueillir les autres ça se prépare, on aurait dû penser à aménager un espace qui nous reste propre, par exemple, et se détendre un peu, aussi. Peut-être qu'on aurait d'abord dû apprendre à les connaître, ces gens, on n'avait pas les mêmes valeurs, au fond. Ou alors, c'était nous, on avait pris ça avec trop de légèreté, on n'était pas dans la bonne énergie, ou on n'a pas le caractère assez souple, voilà, tout simplement…

Dans un autre exemple, c'est nous qui sommes sans toit au-dessus de la tête. Des gens seuls dans leur grande maison, on en croise à la pelle. Il y en a même certains pour qui, jadis, cet habitat était un lieu de fête, on y faisait des spectacles, tout le village mettait la main à la pâte. Quand on frappe à cette porte, l'accueil est chaleureux, on nous prépare des petits plats, alors qu'on n'avait rien demandé, on nous offre un coin pour nos activités – un bout de bureau, ou de potager –, on nous emmène visiter les alentours, on rit, on profite ensemble. À un moment, dans notre esprit germe l'idée… Et si on pérennisait cette colocation de fortune, si on remettait les spectacles au goût du jour ! Les propriétaires n'ont plus la foi, mais nous, on en a pour plusieurs. Ce serait joli, trouver un logement tout en y apportant notre belle énergie, et faire revivre l'essentiel ! Et puis, sans prévenir, la porte se referme. On a remué trop de vieux souvenirs avec notre présence, des bons comme des mauvais. On est sûrement allé trop vite. Ou peut-être qu'on s'est trompé, en pensant que seule notre énergie suffirait. La prochaine fois, on prendra le temps, et on s'assurera qu'en face l'envie subsiste, au lieu d'arriver avec nos gros sabots en bouleversant tout.

Comme tu le sais, je ne suis pas là pour te vendre du rêve édulcoré.

Je veux souligner que le collectif demande un sacré travail. Mais en échange, il est généreux.

Il permet d'apprendre sur soi, de modifier ses perceptions, de se découvrir des talents cachés. Ce qui s'y passe est merveilleux, c'est une microsociété qui se réinvente pour plus de solidarité, d'humanité, de pluralité. C'est une source d'inspiration pour le monde dans lequel on vit.

21-

Faire attention à son empreinte carbone *à la campagne*

Pour toi, c'est primordial de faire attention à ton empreinte carbone. Ça l'est tellement que tu n'as même pas ton permis, comme ça, pas de tentations ! En voilà un acte militant ! Bon, OK, en réalité, tu l'as loupé trois fois, et t'en avais marre de mettre tes économies là-dedans… Mais ça compte quand même ! Quand tu pars en week-end ou en vacances, tu privilégies le train ou le covoiturage. Pour aller au travail, ou sortir le soir, évidemment, tu choisis le vélo, ou alors, les jours de flemme : le métro, le tram, le bus, ou le RER. L'avion, tu l'utilises rarement, peut-être même jamais (youpi !).

Emménager à la campagne, c'est comme une continuité de ton engagement. Une fois ici, tu pourras…

Tu pourras quoi, tiens ?

Ben, en fait… je t'annonce… que tu ne pourras rien faire. Voilà. C'est dit. T'as intérêt à ravaler tes peurs, et à passer *fissa* ton permis. Ensuite, il va falloir dénicher une voiture. La mienne a coûté 500 euros, ça se trouve en chinant bien, mais certains s'achètent de vraies voitures confortables, parce qu'au vu du temps qu'ils passent dedans, ils préfèrent ne pas se casser le dos. Moi, jusqu'ici, ça va. Par contre, après deux ans sans musique, j'ai récupéré une antenne et un autoradio. Parce qu'ici, les distances se lisent en temps : quarante kilomètres, c'est pas une vingtaine de minutes, comme sur l'autoroute, c'est au moins quarante minutes ! Il ne faut jamais oublier les virages, les côtes, et les tracteurs.

Rô, je suis pas sympa, je pourrais quand même te ménager ! Mais c'est que j'aimerais que t'aies une vie sociale, que tu puisses aller chez le médecin quand t'en as besoin, et que tu ne meures pas de faim. Et sans voiture, ici, t'es à risque sur ces trois points. Je ne parle même pas du fait d'aller bosser, ou d'aller pointer à Pôle Emploi. Bon, qui sait, si tu habites au cœur d'un village et qu'il reste une boulangerie ouverte (parce qu'elle n'a pas encore été reprise par un Parisien qui l'a coulée en voulant révolutionner le croissant grâce aux pralines qu'il met dessus pour le vendre quatre fois plus cher), tu pourras encore aller te chercher une baguette. Mais qu'est-ce que tu vas mettre dedans ?

Je te vois. T'es en train de te marrer en pensant aux pauvres gens qui n'ont pas le permis (en réalité, c'est moyennement drôle parce que c'est un véritable facteur d'isolement, mais probablement pour des gens différents de toi et moi). Parce que toi, ton permis, tu l'as depuis l'âge de dix-huit ans, et t'as déjà une voiture depuis belle lurette, puisque t'habites en banlieue d'une grande ville. Ne rigole pas trop vite, et appelle donc ton assureur. Je ne sais pas si tu sais, mais ta voiture est peut-être assurée pour un nombre annuel de kilomètres. J'ai une nouvelle pour toi : tu vas de loin les dépasser ! Va falloir payer l'abonnement de la catégorie au-dessus.

Faisons le point ensemble : pour aller chercher le pain, il faudra prendre la voiture, pour aller bosser (sauf si tu bosses chez toi), il faudra prendre la voiture, pour aller voir des copains, il faudra prendre la voiture, pour aller faire des activités, il faudra prendre la voiture, pour aller chez le médecin, il faudra prendre la voiture.

La bonne nouvelle, c'est que pour aller en vacances, tu pourras prendre le train ! Euh… T'as vraiment envie de mettre quatorze heures pour faire tes cinq cents bornes jusqu'à ton lieu de vacances ? Parce que c'est ce qui t'attend, maintenant qu'ils ont démantelé tout le réseau de train (qui existait pourtant bien, mais c'était trop cher à entretenir), qu'ils ont supprimé des gares, parce qu'elles n'étaient pas assez rentables (c'est quoi déjà la définition d'un service public ?), qu'ils décalent les horaires (pour ne pas te faire préférer le train : tu connais la blague de ta correspondance qui démarre à 14 heures pile quand ton premier train arrive à 14 h 02 ? Ça pourrait être une blague super drôle, mais quand tu sais que ces deux minutes te font en réalité perdre un après-midi entier, ça devient moins sympa…). Tu veux savoir pourquoi ils font ça ? Justement, pour pouvoir dire que certains trains sont vides, et les supprimer. C'est le moment de se demander dans quel monde on vit, et de soutenir ceux qui luttent contre ça. Bon, il te reste le covoiturage, mais t'as intérêt à être au taquet parce que c'est pas comme s'il en passait des milliers, des voitures, dans ton trou du c*l de la France…

Si vraiment t'as envie de faire attention à ton empreinte carbone (et à ton porte-monnaie, parce que le prix de l'essence a sérieusement augmenté ces dernières années), très vite, tu vas commencer à optimiser tes trajets. Le pain, ce sera une ou deux fois par semaine, en même temps que les légumes. T'oublieras pas ton ordonnance pour la pharmacie, histoire d'éviter un autre aller et retour. Si tu bosses très loin de chez toi, t'essaieras de demander une ou deux journées en télétravail. Les courses à la grande ville, t'arriveras à les faire une ou deux fois dans le mois. Les activités… peut-être que tu te restreindras, ou que, tant pis, soyons fous, tu feras péter le poste « essence », parce qu'il faut bien se détendre dans la vie ! Tu peux quand même déjà résilier ton abonnement sport, et le remplacer par le potager. Ah non, je te dis des bêtises, si j'avais été plus musclée du dos, je m'en serais sûrement mieux sortie en bêchant, plantant, arrosant…

Quand tu te rendras au travail, chaque matin, tu verras des dizaines et des dizaines de voitures emprunter la même route que toi, à la même heure. Tout à coup, tu n'auras plus du tout l'impression de vivre au milieu de nulle part, et tu te diras : « Il doit bien y avoir du covoiturage, ce n'est pas possible que toutes ces voitures soient vides alors qu'on est si nombreux ? » Eh bien, non, il n'y en a pas. D'ailleurs, si t'as des connaissances en nouvelles technologies, en marketing et en entrepreneuriat, n'hésite pas à monter un projet comme ça. Il va juste falloir agir en profondeur sur les mentalités… En tout cas, c'est certain, il y a un vrai besoin.

Ne désespère pas. Un jour, peut-être, t'arriveras à économiser suffisamment pour te payer un vélo électrique (tu te souviens que le vélo sans assistance, c'est un peu compliqué, il y a de faibles chances pour que chez toi ce soit plat). Ou encore mieux, t'en récupéreras un. Ou t'assisteras à un atelier partagé qui te permettra de le fabriquer toi-même, bon, je te préviens tout de suite, ça ne coûte pas vraiment moins cher.

Une fois que tu auras ton beau vélo, tu ne pourras pas aller jusqu'à la grande ville avec. Non pas que ce soit trop loin – encore que, ça va dépendre de l'autonomie de ta batterie –, mais la grande ville, on y accède par la grande route, et pour l'avoir prise une fois à vélo, je te le dis tout de go : n'y va pas, c'est le couloir de la mort ! Mais au moins, tu pourras faire tes courses de semaine à la petite ville, tes sorties avec les copains le soir… Ce sera l'occasion de ressortir ton gilet jaune, celui que tu mets pour la marche, en période de chasse. Parce que j'ai oublié de te dire : ici, personne ne roule à vélo, à part toi. Et ceux qui sont en voiture roulent pleine balle, et pas toujours du bon côté de la route. C'est une mode. Ou juste une habitude. Ou bien ils sont bénis des dieux, ils ne se font jamais flasher et ils n'ont jamais d'accident. Enfin, toi, n'oublie pas de t'équiper.

À Paris, je faisais tout à vélo. Souvent, on me demandait si je n'avais pas peur. Je dois t'avouer qu'en regard d'ici, Paris c'était plutôt tranquille. OK, tout était fouillis, et je ne savais jamais quand c'était à moi de passer, ni comment traverser ce boulevard sans accroc, mais au moins, ça n'allait pas si vite. Une fois, je me suis fait renverser. Un choc doux. Ici, il ne faut même pas l'envisager.

Ça sera peut-être ton petit moyen de résistance, quand tu prendras la voiture : rouler doucement pour réduire ton empreinte carbone, et permettre aux vélos d'exister. Dans ton rétroviseur, tu pourras compter les voitures, et rire en douce. Après tout, on n'est pas ici pour vivre au pas de course.

22-

Faire ami-ami avec ses voisins *à la campagne*

Peut-être que toi aussi, quand t'étais en ville, tu ne connaissais même pas tes voisins, tu voyais les portes se refermer, quand tu arrivais sur les paliers des étages, que tu grimpais à la sueur de ton front. Oh, tu avais bien aperçu quelques visages, vous vous étiez dit bonjour, et la porte avait aussitôt claqué. (Oui, je sais, c'est cliché, en réalité il y a plein de citadins qui sont très liés à leurs voisins, mais tu comprends, c'est pour les besoins de l'histoire…) Tu te disais qu'une fois à la campagne, ce serait différent, ce serait convivial et chaleureux, vous vous parleriez de jardin à jardin – au moins, le « dehors » donne l'occasion de se voir, plus que les portes blindées – et, après avoir fait connaissance, vous prendriez l'apéro. Le moment aurait été tellement bon, qu'une semaine après, vous décideriez de remettre ça. Sept jours d'attente paraîtraient bientôt longs, alors vous iriez trinquer plus souvent, jusqu'au jour où… tu trouverais ton voisin dans ton salon, en revenant de ta séance de bricolage.

— Bah René, qu'est-ce que tu fais là ?

— J't'attends pour un godet, pardi ! C'est ce qu'on s'était dit hier ! Qu'on remettait ça aussi vite que possible !

— Ah oui, mais quand même, t'aurais pu m'appeler…

— Oh, j'passais par là.

— Par là, tu veux dire, devant la porte de ma maison, qui est à trois cents mètres du périmètre d'entrée de mon jardin ?
— Oui, voilà !
— Non, mais t'as pas compris René. Vraiment, t'aurais dû m'appeler.
— Ouuuuuuuh là là ! Y en a qu'aiment bien faire des histoires pour rien. Bon, on s'le sert ce verre, ou on attend la saint-glinglin ? J'ai apporté une bonne bouteille.
— Je peux pas, j'ai rendez-vous.
— Comment ça ? Avec qui ? Et ça gêne que je reste ?
— Mais j'ai pas à te dire avec qui j'ai rendez-vous, quand même.
— Aaaaah, c'est avec la voisine du bas. Je me suis toujours demandé pourquoi elle ne m'invitait jamais à l'apéro… Elle peut pas me piffer, c'est ça ?
— Mais non, tu dis n'importe quoi.
— Si ! Je sais ! J'ai entendu dire par le cousin à…
— Bon, René, t'es parano, et j'ai pas que ça à faire là, alors, s'il te plaît, rentre chez toi, et on se voit un autre soir.
— Parano ? Je suis parano ? Et tu me jettes dehors comme un malpropre, alors que moi j'ai toujours tout fait pour t'accueillir les bras ouverts. Ben, c'est du beau ça. Tu vas pas t'en tirer si facilement, tiens.

René s'en va en claquant la porte, et toi, tu peux enfin te consacrer à ta soirée « cinéma », en tête à tête avec toi-même – mets bien le film à charger à l'avance, avec ta connexion

Internet toute pourrie. Nan, mais il est gonflé quand même celui-là, de débarquer sans prévenir !

Le lendemain, tu vois René dans son jardin en pleine soirée barbecue gigantesque, auquel il a convié tout le voisinage, même la voisine du bas. L'affront ! Tu regardes ton téléphone portable, pas de message d'invitation. Tu montes au grenier, histoire de vérifier que tu captes bien. Le téléphone bipe ! Ah, tu savais bien que vous aviez passé l'âge de ce genre d'enfantillage. Tu déverrouilles ton écran, et tu découvres un message… de ta mère. OK. Donc, René cherche la bagarre !

Le jour suivant, tu décides d'aller lui parler, mais au moment où tu croises son regard, alors que vous êtes tous les deux au jardin, René baisse la tête comme s'il n'avait rien vu. De mieux en mieux. Maintenant, il t'ignore.

Tu laisses passer quelques jours, histoire que vous ne vous fâchiez pas pour de bon, parce que tout ça pourrait commencer à t'énerver… Une semaine plus tard, t'as le moral au beau fixe, t'as mis une tarte dans le four pour René, et tu comptes bien aller faire la paix. Pendant la cuisson, tu vas récupérer ton courrier. Il n'y a qu'une enveloppe, avec l'adresse écrite à la main, et sans timbre. Bizarre ! Tu ouvres, et découvres une demande de René, concernant un droit de passage dont il bénéficie sur ton terrain. Un droit de passage ? Le notaire qui s'est occupé de la vente ne te l'a jamais mentionné !

Note à ton toi d'avant : éplucher l'acte de vente en long, en large et en travers, poser toutes les questions, même les plus idiotes, vérifier que le notaire n'est pas le meilleur pote de ton vendeur, ou en tout cas, que ça ne l'empêche pas d'être impartial.

Tu commences à voir rouge. René, c'est pas le mec avec qui tu t'éclatais autour d'une bonne bouteille, il n'y a pas si longtemps ? De chez qui tu repartais un peu en zigzaguant, en jetant un œil à la voûte céleste sur le chemin du retour, et en te disant : « P*tain, c'est trop beau la vie, qu'est-ce que j'ai de la chance ! » Avant d'embrasser Marguerite, la vache de ton autre voisin, et de rentrer chez toi l'air béat…

C'est ce même René qui t'envoie cette lettre ? On te l'avait dit : les conflits de voisinage sont légion à la campagne ! Mais toi, c'est pas que tu n'y avais pas cru, non, t'avais décidé de faire triompher l'amour.

« *Aiiiiiiimeeeeeeer, c'est ce qu'il y a de plus beau !* » (Si tu n'as pas la référence, sache que je t'envie.)

Tu t'étais dit qu'en dialoguant, il était possible de surmonter les conflits. Mieux, en installant une relation de confiance, vous les éviteriez, et s'ils devaient venir, vous sauriez communiquer. Au pire, avec une bonne bouteille, m*rde, tout était oublié !

Eh ben pas d'bol, ça ne s'est pas passé comme t'espérais… Ce n'est pas le moment de te faire la morale – d'ailleurs, ça ne me viendrait pas à l'esprit de te reprocher d'avoir été idéaliste, on fait partie du même club. Alors maintenant, comment tu fais pour te dépatouiller avec ça ?

D'abord, va voir Marguerite. Elle, elle sait. Si, si, elle sait comment rester zen en toutes circonstances, admirer le paysage et les gens qui passent, et revenir au présent. Expire quand tu l'entends souffler par les naseaux. Là, voilà, le calme revient.

Ensuite, t'as plusieurs solutions : essayer d'aller parler à René – mais comment faire pour vous réconcilier, tout en faisant en sorte qu'il ne finisse pas dans ton salon un soir, sans avoir toqué au préalable ? Je n'ai pas la réponse. Sinon, tu peux faire appel à un médiateur ou un conciliateur, une solution qui peut s'avérer bien plus utile que d'aller en justice – parce que bon, le René, s'il t'envoie une lettre, c'est bien pour en garder la trace, et donc… il a une idée derrière la tête. Tu sais, il y a des gens qui se font des procès pour un chant de coq. Ouais, j'avais dit de ne jamais en parler, mais là, on est entre nous…

Sinon, tu peux aussi déménager. Mais ça, c'est une solution que tu peux envisager à chaque problème qui survient à la campagne. Cela dit, j'en connais qui ont pris cette décision à cause de leurs relations de voisinage. Ils avaient vaincu leur peur des petites bêtes et de la solitude, leur aversion contre la pluie, ils en étaient même à rouler à vélo électrique, et ils ont envoyé valser des années d'installation pour des conflits entre humains. C'est pas joli-joli, mais ça arrive.

Ça ne veut pas dire que tu ne dois pas faire d'efforts pour bien t'entendre avec tes voisins. Au contraire ! C'est tellement important, parce que tu les verras tous les jours ou presque, et qu'en croisant leur regard, si celui-ci envoie des éclairs ou de l'indifférence, ça te fera mal au bide. Mais bien s'entendre avec ses voisins, c'est aussi savoir boire un coup de temps en temps, sans devenir meilleurs potes. C'est ne pas hésiter à aller toquer chez eux, se présenter, pour qu'ils comprennent qui tu es, et réciproquement, que cela vienne balayer d'éventuelles idées reçues, et créer du lien. Vous entraider quand le besoin s'en fait sentir d'un côté ou de l'autre. Et savoir s'arrêter là. Vous vous aimerez d'autant mieux.

Tu connais le dicton « chacun chez soi » ? Ici, ça s'applique puissance mille ! Bisous, et n'oublie pas de me tenir au courant pour René !

23-

Faire des travaux *à la campagne*

Tu veux vraiment qu'on en parle ? Nan parce que ça risque de prendre des heures… Euh, pardon, des années. Mais de toute façon, il faut bien qu'on aborde le sujet, parce que tu verras, c'est le sujet préféré ici. Une fois que t'as une maison en travaux, dès que tu croises quelqu'un, la première question qu'il te pose c'est : « T'en es où de tes travaux ? » C'est un peu l'équivalent du « Tu fais quoi dans la vie ? » Ou alors, il y a ceux qui vont un peu plus loin, et qui te demandent : « Vous vous aimez très fort ? Je demande parce que retaper une maison c'est sans doute la pire des épreuves pour un couple. Vous en prenez minimum pour quinze ans, et vous avez intérêt à être bien accrochés ! » Ça a le mérite d'être franc. Et d'être assez juste. Mais ça fait complètement flipper, et ça pourrait faire regretter de ne pas avoir mis une clause de rétractation dans le compromis de vente, pour cause de rupture amoureuse. Le fait est que, pour plus de tranquillité d'esprit, si l'on achète à deux, il faut vérifier que l'on peut revendre sans y perdre toutes ses plumes, autrement dit, ne pas acquérir un bien surévalué. M*rde, l'amour toujours, il faut y croire ! Suis-je donc vénale en disant cela, ou bien pessimiste ? Non. Simplement, pour moi, l'amour ne s'envisage pas autrement que librement. Pour aimer fort et sereinement, il faut savoir que l'on peut partir à tout moment, et que si l'on reste, c'est uniquement parce que l'on s'aime. Pas pour une maison.

Si tu as acheté une maison fraîchement rénovée, ce chapitre ne te concerne pas. Mais si tu es en location dans une maison un peu vétuste, ou que tu as fait l'acquisition d'un bien à retaper, eh bien, *welcome to the club !* Bien qu'il existe des situations très différentes dans ce club : il y a les personnes qui ont les moyens d'envoyer du steak (aka, faire les travaux en un temps record grâce à des sommes d'argent conséquentes), celles qui doivent faire au jour le jour avec les petites économies du quotidien, celles qui commencent, puis doivent mettre en pause, faute de moyens, avant de s'y remettre quand elles auront réussi à mettre quelques sous de côté. Mais malgré ces différences, il y a tout de même beaucoup en commun.

Quand on arrive dans une maison, la première chose que l'on aimerait, c'est s'y sentir bien, évidemment. Qu'il y fasse chaud, et que l'on soit en sécurité, ce sont sûrement les besoins essentiels. Sécurité par rapport aux événements climatiques par exemple (si les tuiles de la maison sont branlantes, les nuits de tempête seront blanches). Ou à l'électricité, si d'aventure elle n'est pas aux normes.

Je suis devenue tellement sympa que je te dis « d'aventure », alors qu'honnêtement, il y a soixante-dix pour cent de chances pour qu'elle ne le soit pas.

Avant l'achat de notre maison ont eu lieu les fameux diagnostics, que le vendeur a l'obligation d'effectuer. L'expert qui venait pour le diagnostic électrique a été choqué lors de sa visite, au point de faire un papier blanc. Nous attendions impatiemment ses conseils et son regard, mais ce n'était tellement pas aux normes qu'il n'a même pas voulu dire plus que : « Tout est à refaire. » Au moins, nous étions prévenus. Cela ne nous a pas empêchés de sursauter, ce soir d'orage, lorsqu'une flamme s'est allumée au niveau du tableau électrique. Cette nuit-là, nous avons veillé…

Tu dois penser qu'on est fous. Si l'électricité n'était pas aux normes, elle aurait dû être notre priorité des priorités. T'as pas tort. Sauf que le temps n'est pas extensible, l'argent non plus, et que des priorités des priorités, chez nous, il y en avait un paquet. (On a quand même fini par la refaire, t'inquiète.) Et puis, il y a ce qu'on a appris en cours de route, qui est venu confirmer ce que nous mettions en pratique malgré nous : il ne faut pas se précipiter.

Prenons l'exemple du chauffage. Comme tu l'as déjà compris, chez nous, il faisait très froid, les murs suintaient, bref, nous mettre au chaud était notre priorité en arrivant. D'abord, il a fallu faire le bilan de l'existant. Pour y procéder, il faut se glisser dans la peau de l'ancien propriétaire, et cheminer dans les méandres de son cerveau (je te dis tout de suite bon courage). Pour faire court, voilà ce que nous avons pu observer. Il existait, dans le passé, un système de chauffage au fioul. Il y avait des radiateurs en fonte, reliés les uns aux autres par des tuyaux, qui menaient à la chaudière.

Les tuyaux ont été sectionnés un à un. Les radiateurs en fonte jetés à la déchetterie. (Je te l'avais dit : exercice difficile, comment se mettre dans la tête de quelqu'un qui a pris de telles décisions ? Mystère !) Et des radiateurs électriques ont été achetés, mais non installés (était-ce un aveu d'échec, sachant que je vois mal comment chauffer une maison, qui est une passoire niveau isolation, avec un radiateur électrique, qui envoie de petits souffles d'air, et pire, au sein d'un système électrique aussi pourri que le nôtre, attention, danger !). La seule explication à tout ce micmac semblait être que l'ancien propriétaire s'était précipité !

Nous, ni une ni deux, nous avons fait de même. Nous avons fait le calcul de tout le matériel qu'il fallait racheter, nous avons évalué notre capacité à faire seuls (« Tiens, t'es devenue chauffagiste, Aurélie ? »), nous en avons déduit qu'elle était faible, et nous avons fait venir un chauffagiste, avec le défi suivant : remettre en place ce que le précédent propriétaire avait démantelé.

Je fais un petit aparté sur le féminisme à la campagne. Quand tu fais venir des « professionnels » pour discuter travaux, si tu es une femme, et que tu vis avec un homme, tu vas très souvent observer ce phénomène : on lui parle à lui. On le regarde dans les yeux, lui. Même si c'est toi qui poses toutes les questions (au hasard, parce que c'est toi qui vis ici, ou parce que ce sujet t'intéresse plus que lui). Je remercie au passage le formidable ami qui me vend du bois, et qui exige toujours ma présence, en plus de celle de mon compagnon, parce que « c'est moi l'experte » pour le bois. Heureusement, donc, il y a des exceptions.

Mais revenons-en à notre système de chauffage – notre priorité « numéro un » – dans lequel nous nous apprêtions à mettre… à mettre combien, d'ailleurs ? Là, bizarrement, quand les « professionnels » parlent de sous, c'est la femme qu'ils regardent. « Parce que ce sont elles qui portent la culotte par-derrière, c'est bien connu ! » « Hahaha. Attendez, je vais me chatouiller un peu jusqu'à ce que ça me fasse rire. Ah bah, non, en fait, ça n'a pas marché. Vous pouvez y aller monsieur, on n'a plus besoin de votre devis. »

C'est bien, n'empêche, de tomber sur des gens sexistes, parce que ça permet de faire venir quelqu'un d'autre. Cette fois, j'accueille cet « autre » seule, et il me semble avoir affaire à quelqu'un de sensé. Il observe notre chez-nous, pose un tas de questions, tire des conclusions sur la manière dont on vit (dans sa tête s'inscrit : « petits moyens, savent vivre en mode débrouille »), et dit : « Je ne vais pas vous faire votre devis. Remettre l'ancien système en place vous coûtera trop cher, et de surcroît, la chaudière est tellement vieille qu'elle peut vous lâcher du jour au lendemain. Vous avez plutôt intérêt à réfléchir à des alternatives. » Le mec est reparti sans rien demander, et moi, je l'ai remercié mille fois intérieurement. Nous nous apprêtions, effectivement, à faire la plus grosse bêtise de notre travail de rénovation : mettre une grosse partie de notre budget dans une entreprise qui n'en valait pas le coup.

Après cette aventure, nous avons pris une décision : vivre dans la maison, apprendre à la connaître, et y aller pas à pas. La rénovation prendrait le temps nécessaire. Faire des travaux ne devait pas être une course contre la montre, nous mettre sur la paille financièrement, nous faire prendre de mauvaises décisions, ou mettre en danger notre couple.

Notre confort et notre sécurité en ont un peu pâti au début, mais jamais nous n'avons regretté notre démarche, car elle nous a permis de comprendre en profondeur notre maison, et d'apporter à chaque problème la meilleure solution.

Nous n'avons jamais réinstallé les tuyaux. Nous avons pris le problème à la source. La première année, nous avons fait venir quelqu'un pour décaisser la maison, qui était prise dans la terre jusqu'à mi-hauteur, côté nord. L'hiver, nous avons également séparé la maison en deux, et décidé qu'une moitié nous suffisait pour y vivre. À chaque fin d'automne, nous barricadions les pièces avec de gros rideaux, puis, au printemps, notre espace de vie s'agrandissait à nouveau. La deuxième année, est venu le moment d'installer des fenêtres en double vitrage, d'isoler les combles avec de la ouate de cellulose, et chacune de ces opérations nous a fait gagner quelques degrés. La révolution finale s'est faite la troisième année, avec l'achat d'un vrai poêle à bois, d'occasion mais comme neuf, pour remplacer la cuisinière qui nous chauffait modestement. Puis d'un second, pour nous donner la possibilité d'ouvrir l'autre moitié de la maison à des amis l'hiver. Aujourd'hui, nous n'avons plus froid et nous sommes vraiment heureux de nos choix.

J'aime à penser que l'endroit où l'on habite a une âme, une histoire, et qu'il est important de les écouter. Je l'ai d'ailleurs profondément ressenti, lorsque nous avons commencé à nous occuper de notre maison, à l'assainir plutôt qu'à lui mettre des pansements, à la libérer avant de vouloir la rendre plus performante. Aujourd'hui, elle nous le rend bien, nous y sommes comme dans un cocon.

24-

Faire du zéro déchet *à la campagne*

Ça, c'est la vraie bonne idée de la campagne !

Bon, j'exagère en disant zéro…

Pour notre part, nous n'y sommes pas du tout, mais, de l'avis de l'organisme de traitement des déchets, nous sommes de super bons élèves ! Fierté, wouhouh ! Non, je déconne, évidemment. Parce qu'en fait, ils partent de très très loin. Notamment, ce serait bien d'arrêter de dire aux gens comment mettre le plastique dans le bac jaune, et plutôt les encourager à ne plus en acheter, sachant qu'un énorme pourcentage de ces déchets n'est tout simplement pas recyclé, et part sur des cargos avant d'être jeté… sur le continent africain.

Grâce à notre rang de premiers de la classe, nous avons le loisir de faire d'énoooooormes économies. Genre 10 euros par an quoi. Je me marre, on appelle cela la « redevance incitative ».

Il y a quatre ans, nous recevions des factures avec une mention au dos : « Faites plus attention à vos déchets, ainsi, nous pourrons réduire les factures. » Je leur avais passé un coup de fil, ils m'avaient expliqué qu'en fait c'était collectivement que nous devions faire attention… On était mal barrés, moi je te le dis. Parce que si tu voyais le niveau de certaines poubelles, juste pour la semaine… je ne te parle même pas de ceux qui jettent leurs déchets, par-ci, par-là, dans les fossés, tu verras, il y en a pas mal. Parfois, ça risque de te faire perdre foi en l'humanité. *Keep strong !* On a encore besoin d'idéalisme !

Plus tard, ils ont mis en place la fameuse redevance incitative : moins tu as de déchets, et moins tu paies. Après avoir reçu une facture fictive basée sur notre consommation semestrielle, j'ai fait de savants calculs, et une nouvelle fois, je les ai appelés. J'ai dit : « Mais en fait on ne va faire aucune économie, nous ! » Ils ont répondu : « Ah non, effectivement, pas vous, parce qu'il y a une pesée minimale et que vous êtes six fois en dessous de cette pesée. Vous êtes déjà de trop bons élèves. Par contre, ce que vous pouvez faire, c'est espacer vos levées, et jeter votre poubelle tous les deux ou trois mois, ça aidera… » Le monde marche sur la tête ou pas ?

Bon, revenons-en à nos déchets. La révolution de la campagne, c'est que tu vas pouvoir fabriquer ou acquérir (il peut y avoir des offres avantageuses proposées par ta commune) un bac à compost (différent de celui de tes toilettes, hein, au cas où j'aurais réussi à te convaincre que les toilettes sèches c'est la vie). Tu pourras y mettre toutes tes croûtes de fromage, tes épluchures de légumes (sauf si t'as des poules, garde-les pour elles), tes bouts d'os et de gras de viande (seulement les petits bouts, parce que si tu jettes la carcasse entière, c'est les rats et les renards qui vont rappliquer), la fin de ton yaourt périmé, tes noyaux de mirabelle, et *tutti quanti* ! Grâce à cela, ta poubelle normale ne sentira plus jamais mauvais (et tu pourras répondre au vœu de l'organisme de traitement des déchets, de ne la jeter qu'une fois tous les deux mois, pour faire des économies réelles sur ta facture).

Le compost, si tu sais le gérer, il te servira au jardin, pour aider tes plants à pousser. Mais t'inquiète, nous on est des manches, du coup, le compost ne nous sert à rien, sauf à cette grande cause : réduire nos déchets.

Le compost, c'est magique. Tu vides des déchets dedans, et lui, il ne se remplit jamais. Ça fait quatre ans qu'on l'a, on y met aussi des déchets végétaux (quand on fait la taille des petits arbres par exemple), et il n'a pas monté de niveau. Fais gaffe à l'ail, parce qu'il est vermifuge, et repousse les petits vers cachés dans ton compost, qui participent à le faire devenir zéro. C'est tellement magique que, parfois, des plants de courgette et de tomates y poussent tout seuls. Ils sont encore plus beaux que ceux que tu as passé des heures à chouchouter au jardin. Non, la nature n'est pas ingrate, elle est juste imprévisible.

Lorsque nous nous sommes installés dans notre maison, nous avions trouvé un grand plat en porcelaine doté d'une anse tressée. Nous l'avons choisi pour y mettre nos déchets organiques, dans la maison.

C'était à l'air libre donc. Normalement, si t'as lu les chapitres précédents, tu sens venir une histoire avec une souris, non ? Bingo ! Laisse tomber donc, et prends plutôt quelque chose qui ferme.

Si tu peux, évite aussi de choisir un objet trop grand : ce que tu vas mettre dedans a vocation à pourrir, et pour peu que t'aies un bon odorat, sinon, t'auras plus jamais envie d'ouvrir le récipient. Tu devras sortir plus régulièrement, pour vider tes épluchures dans le bac à compost. Mais parfois, tu remercieras cette petite tâche, dans ces moments où tu auras la tête tellement plongée dans ton boulot, sur ordi, que tu ne verras plus le jour. Quand viendra la préparation du déjeuner, tu voudras te cuisiner des patates sautées, et tu t'apercevras qu'il n'y a plus de place dans ton récipient. Tu parcourras les trente mètres qui te séparent du bac, ces quelques pas te rappelleront que tu habites à la campagne, que tu n'y as pas emménagé pour t'enfermer (même dans ton travail), et que tiens, il fait beau, t'avais même pas remarqué, t'irais bien marcher un peu cet après-midi.

Au fait, je t'ai dit qu'il ne faut pas mettre le bac à compost trop près de la maison ? Pour la même raison que celle mentionnée plus haut, à propos du récipient ouvert ou fermé (cui-cui-cui… mais non, c'est pas des oiseaux, c'est des souris, crouic-crouic-crouic).

Réduire ses déchets commence par diminuer ses achats, et éviter les emballages. C'est donc aussi au niveau des courses que tout va se jouer. Bonne nouvelle : si t'as réussi à éviter, autant que possible, les supermarchés (temples du plastique), tu devrais pouvoir trouver des aliments en vrac assez facilement (dans les petites épiceries associatives ou autres, parfois même la petite supérette du centre s'y met, ou en magasin bio). Réutiliser ses sacs en papier est aussi très fréquent dans tous ces endroits. On vient avec, on repart avec, et ce à l'infini. Presque tout le monde fait ça, donc personne n'a l'air bizarre. D'autres optent pour des sachets en tissu pour y loger leurs légumes, légumineuses, riz, etc., le temps des courses. Par-ci, par-là, des copains ou des copines en fabriquent, à petit prix. On peut aussi choisir de venir directement avec ses bocaux, ça demande une bonne organisation, car il faut chaque fois « tarer » la balance, et un peu de diplomatie pour que les suivants acceptent l'idée de patienter… c'est pour la bonne cause !

Ensuite, il y a des réflexes à avoir. Repartir avec un grand pot de yaourt plutôt que quatre petits. Essayer de repérer les marques qui les vendent en pots en verre. Mais il ne faut pas se leurrer, éliminer totalement les déchets plastiques de son panier, avec la surproduction qui en est faite, c'est quand même très compliqué.

En dehors de l'alimentaire, il y a… tout ce que l'on n'achètera pas, ou qu'on achètera autrement. Notre jean est troué ? On le rapièce pour le jardinage ! Nos chaussettes rendent l'âme ? On en fait de petits chiffons. Avec ça, on a besoin de nouveaux habits, il ne faut pas hésiter à aller dans les brocantes, recycleries, magasins gratuits, chez Emmaüs, ou au Secours populaire. On peut y trouver des fringues chouettes, parfois neuves, très bon marché !

De fil en aiguille, on en vient à se poser des questions sur tout ce que l'on consomme, et surtout, sur ce que l'on peut éviter de consommer. Lorsqu'un téléphone portable casse, on regarde si on trouve un professionnel pour le réparer. S'il est fichu, on demande (surtout à ceux de la ville) si quelqu'un en aurait un ancien (généralement, la réponse est oui). Quand on a un coup de blues, on n'a pas besoin de s'acheter quelque chose, comme les publicités nous le suggèrent, il suffit d'aller marcher en forêt. De toute façon, la campagne c'est sinistré, alors des jolis commerces, il n'y en a pas tant. Pour « consommer », il faut se rendre dans des « villages » entiers de magasins, installés sur des terres agricoles qui, naguère, appartenaient à des paysans qui se sont fait exproprier. Ça ne donne pas très envie d'y aller, et tant mieux. Comme ça, on garde ses quelques sous pour entrer dans les petites boutiques d'artisans qui ont survécu, ou qui ont été recréées. Quand on en sort, le plaisir est réel et profond : on a fait tourner l'économie locale, ce qu'on a acheté ne provenait pas de l'autre bout de la planète, et mine de rien, c'est essentiel !

Ici,

c'est génial,

à moins que

là-bas

ce soit mieux ?

25-

Ici ?

De toute façon, t'es pas d'ici !

Ah ça, c'est sûr, t'es pas d'ici. Soyons clairs, tu le seras jamais !

— Rô, chouchou, viens voir ce qu'elle dit, l'autrice, là, elle exagère non ? Ça fait quoi, vingt ans qu'on est là ? On fait partie des meubles maintenant…

— Oui, oui. Enfin, sans doute pas pour les gamins qui sont passés l'autre fois avec le minibus de l'école, qui ont ouvert la fenêtre malgré l'interdiction du chauffeur, et qui ont crié : « Yoooooo les Parigots ! » Pis tiens, peut-être pas non plus pour la pépiniériste, chez qui on va depuis qu'on est arrivés, à qui on prend les mêmes plants chaque année, et qui nous rappelle toujours comment il faut les mettre en terre, comme si elle s'adressait à des écoliers. D'ailleurs, elle précise qu'elle espère qu'on ne se cassera pas le dos, alors qu'on est bien plus musclés qu'elle. Et puis elle ajoute, en prenant à partie un client : « Tout le monde peut pas être né ici, on choisit pas. »

— C'est vrai que si on était d'ici, on aurait une légitimité à toute épreuve, hein chouchou ?

— Ben… non. Regarde Albert, qui est né dans le coin, qu'en est reparti, pis qu'est revenu, comment ils l'appellent tous ?
— Le Parisien. T'as raison chouchou. Mais alors il faut quoi pour être d'ici ?
— Ah ça, va donc savoir !

Être d'ici, c'est une recette dont seuls les vrais ont le secret. Alors n'essaie pas d'en faire partie, tu te ferais mal pour rien. Ça ne t'empêchera pas de pouvoir bien t'intégrer, mais tu resteras toujours un étranger.

Quand tu feras des choses différemment des autres, quand tu te casseras la gueule, on rappellera que t'es pas d'ici. Pour les victoires aussi, on le dira, ne t'en fais pas. Pour l'affection qu'on pourra te porter parfois, on mentionnera que c'est parce que t'es pas d'ici. Bref, une étiquette qui te collera à la peau, même si, de temps à autre, t'arriveras à la faire oublier.

Il y a des gens que cela dérange. Surtout quand ce constat clive, qu'il empêche de se rencontrer. Des gens d'ici ne viennent pas dans tel café, parce qu'il a été créé par des gens d'ailleurs, et qu'ils pensent ne rien avoir à y faire. Ou alors, de temps en temps, justement, ils sautent le pas, vont se mélanger, mais ils sont rattrapés par tout ce qui les sépare des autres. Les gens d'ici, ils ont parfois le complexe d'être d'ici, et même s'il leur arrive de faire les grandes gueules, ce n'est pas une donnée qu'on efface facilement. Ils se joindront à une fête, mais n'oseront peut-être pas aller discuter avec les nouveaux arrivants. « Qu'est-ce qu'on aurait à se raconter de toute façon ? » Parfois, le mélange n'a pas été pensé en amont. On arrive à faire venir ceux d'ici et ceux d'ailleurs, mais on ne leur fait rien faire en commun pour se connaître.

« Chouchou, viens voir ! Voilà qu'elle se croit à un événement de *speed dating*, l'autrice ! »

Mais oui ! Une rencontre, ça se prépare. Parce que si t'arrives à faire venir deux-trois personnes de ton village à une fête où il n'y a que des néos, en te disant « on improvisera », moi je vais te dire comment ça va s'improviser. Ils se mettront sur le côté, les bras croisés, à vous regarder boire des binouzes. Comme ils seront tous les trois, vous, vous les oublierez un peu, plus que si un seul d'entre eux s'était joint à vous (et encore, d'expérience, je peux te dire que même comme ça, ça n'y change pas grand-chose). Ils repartiront bien avant tout le monde, et ils ne remettront jamais les pieds chez l'un de vous. Votre chance sera passée.

Mais alors que faire ?

Il y a des néos qui réfléchissent à ces questions. Bon, il y en a d'autres qui abandonnent. Qui en ont marre de recevoir des critiques basées sur des idées reçues, et qui préfèrent se passer de tout ça. Chacun vit dans son coin, et tant pis.

Je trouve que c'est dommage, et je ne suis pas la seule. Donc, ces néos qui essaient de chercher des solutions, ils finissent par trouver des choses simples. Parce qu'au fond, ce sont elles qui nous réunissent. Il y a la nature, qui offre des tas d'options : les randos, les cueillettes, la taille des arbres, etc. Mais, l'idée *number one*, c'est la bouffe !

Si à ta petite sauterie, au lieu d'inviter simplement des gens, tu proposes un grand plat à préparer tous ensemble, pour que chacun mette les mains dans le cambouis, qu'on puisse avaler discrètement une petite mirabelle pendant qu'on fait la tarte, que le voisin nous voie et esquisse un sourire discret, doublé d'un petit « chut » qui scellera le secret… C'est gagné ! Car c'est dans l'action que les liens se créent.

— Dis donc, chouchou, je crois qu'j'ai une idée, on va faire une grosse fête dans la grange !
— Ben oui, mais on avait essayé, il y a vingt ans, et aucun villageois n'est venu.
— Ah oui, c'est vrai.

Eh oui, c'est vrai. Parce que, parfois, les préjugés ont la vie dure. Tu peux déjà en contourner un d'office : ne mentionne jamais que vous allez cuisiner du bio. « Bio », c'est un mot clivant, à la campagne. Parle de terroir, de producteurs locaux. Ensuite, n'espère pas avoir foule si tout ce que tu as fait, c'est envoyer un mail et poser quelques affiches.

Un jour, un collectif m'a confié un secret. Je te le confie à mon tour, parce que je me dis que si l'on faisait tous ça, le monde irait beaucoup mieux. C'était un collectif qui s'était créé autour d'un chantier participatif, pour construire une maison selon un procédé très alternatif. Les jeunes, puisqu'il s'agissait essentiellement de jeunes, vivaient en caravane, et se dédiaient à l'œuvre collective (autrement dit, ils étaient au RSA). L'initiateur du projet était syrien. Très vite, le bruit a circulé dans le village qu'un camp de réfugiés syriens s'était installé dans le coin. Et, comment dire… les villageois n'étaient pas préparés à ça.

Alors, les bâtisseurs en herbe ont décidé de faire un « grand dîner partagé » chez eux. Élément de réussite numéro un : *check !* Puis, ils ont quadrillé le village, se sont mis en équipes, et sont allés toquer à la porte de chaque maison des alentours. Chaque maison. Ça leur a pris des heures. Pour circuler, se présenter, lever les questionnements.

Le lien était créé en allant à la rencontre de l'autre. Parce que les gens d'ici, si tu viens jusque chez eux, ils ne te laissent pas repartir avant de t'avoir offert un petit vin cuit, une bière, des légumes du potager, ou un pot de confiture, et surtout, de belles histoires. Imagine les heures de discussion. Une fois qu'on a fait ça, la peur de l'autre s'en va.

Presque tout le village est venu à leur repas. Je ne sais pas si tu en as conscience, mais, une fois que tu seras ici, tu sauras : c'est du jamais-vu !

Quand tu voudras te sentir « d'ici », t'auras qu'à inviter des amis de ton ancienne ville. Ils remarqueront tellement de changements en toi, qu'à toi aussi, ils te sauteront aux yeux. Ils seront parfois surpris, parfois embêtés (« Tu trouves pas qu'entasser le caca de tout le monde dans un seau, c'est quand même un peu moyenâgeux ? »), d'autres fois admiratifs. Quand ce sera ton tour de venir les voir, il se peut qu'ils te trouvent inapte. Tu ne seras plus « de la ville ». Attends qu'ils te voient conduire, tu comprendras ce que je veux dire. Toi qui maniais le volant avec dextérité, tu les verras s'accrocher à leur siège, quand tu ne ralentiras à aucun passage clouté. Faut dire qu'à la campagne, qui traverse des passages cloutés ?

M*rde, mais alors, tu seras d'où ? Eh bien de nulle part, et du monde entier, tout à la fois.

Oui, parfois, s'intégrer est difficile. Savoir que l'on sera « différent », et que ce constat ne sera pas toujours pour le meilleur, est un peu dur. Mais il y a plein de beaux partages à vivre, alors de temps en temps, ça peut valoir le coup de ravaler sa susceptibilité, et de se rappeler la phrase d'un néo arrivé il y a cinquante ans : « Ce sera toujours à nous de faire l'effort, parce que c'est nous qui venons d'ailleurs, c'est nous qui représentons une menace, alors c'est à nous de montrer qu'on a de bonnes intentions. » Et puis, qui sait, au bout d'un certain temps, peut-être que ça changera ?

— Chouchou, viens voir ! Je crois que l'autrice dit qu'un jour, on pourra être considérés comme « d'ici » !
— Ah bon ? Moi j'ai plutôt compris que, d'ici ou d'ailleurs, on s'en fout, et que ce serait chouette que tout le monde finisse par s'en rendre compte.

26-

Ici,

t'as vite fait le tour

Aaaaaaah ici ! Ici, avec ses prés et ses champs de blé, ses vaches (Marguerite et les autres), ses horizons à perte de vue, ses forêts et collines. Qu'on est bien ici.

C'est marrant, on parle d'horizon qui n'en finit pas, mais bizarrement, là-bas, juste un peu plus loin qu'ici, on n'y met jamais les pieds. Il ne faudrait pourtant que quarante ou cinquante minutes de voiture, il y a un café-librairie qu'on connaît bien dans cette direction, une amie retraitée dans l'autre. Mais pourquoi irait-on chercher le bonheur ailleurs, alors qu'ici tout est parfait ?

On a enfin trouvé sa routine. Lundi, c'est la journée de mise en jambes, le soir, on reste chez soi, bien au chaud, à regarder un film ou lire un bouquin. Mardi, après le travail, il y a le pain à récupérer, et donc, les « petites » courses à faire, par la même occasion. Le soir, on mange du pâté sur une bonne tranche de pain. Allez, parfois, on traîne à l'endroit où l'on a fait nos courses, on se laisse embarquer pour boire un verre avec des copains. Oh pas tard, de toute façon ça ferme à 20 heures. Mercredi, boulot, repos. Jeudi, on travaille et puis c'est l'heure des « grandes » courses, à la ville. On en a profité pour se caler une session d'escalade là-bas.

On revient HS, et la nuit en est d'autant meilleure. Vendredi matin, ça commence à frétiller dans le cerveau, on sait que dans quelques heures, on va pouvoir aller faire la fête (finalement, c'est comme à la ville : TGIF, *Thank God It's Friday*, sauf qu'en fait on a kiffé le reste de la semaine, ce qui change quand même tout). Samedi, il faut se remettre de la grosse teuf, et pourquoi pas emmener les gamins à leurs activités. Dimanche, on bulle, mais sans la fameuse déprime du soir.

Tout au long de la semaine, on a organisé le travail de sorte à « vivre » aussi. On prépare de vrais repas (parce qu'une fois qu'on a accès à des légumes pareils, ce serait vraiment dommage de ne pas leur faire honneur), on rentre du bois, on fait le feu, on vide le compost, les toilettes sèches, on travaille au jardin, on bricole un truc par-ci, par-là, bref, on prend le temps. Si on est sage, on arrive peut-être même à faire un peu de méditation chaque matin (pour ne pas avoir trop envie de buter les fourmis, qui ont envahi la cuisine au réveil).

Ce nouveau rythme, il paraît si sain, qu'on comprend la chance qu'on a de pouvoir l'adopter. Finalement, c'était ce qu'on recherchait en quittant la ville.

Alors, pourquoi, tout à coup, on a le sentiment de se faire chi*r ?

C'est vrai quoi, c'est super cette routine, c'est bon pour la santé et l'esprit…

Mais mazette on a grandi en ville quand même !

Ils sont où, les bus, les RER, les trains, qui pourraient nous emmener à cinquante kilomètres d'ici sans qu'on ait à faire une heure de bagnole ? Et les musées, les expos, les salles de spectacle et de cinoche ? (Ah oui, tu te rappelles quand je t'ai vanté tout ce qui se passait ici, d'un point de vue fête et artistique ? J'ai oublié de te dire que si t'étais fan de ciné, t'allais vraiment morfler, ton film sortira après la date, il se jouera pendant deux semaines, avec deux pauvres créneaux horaires – genre ce soir alors que t'avais prévu autre chose, ou dimanche à 15 heures…)

Mais attends.

Honnêtement.

Dans les musées, on y allait pas si souvent… Et notre carte cinoche, on n'a jamais vraiment réussi à la rentabiliser. Cette offre foisonnante de cafés, de lieux branchés, est-ce qu'on en profitait vraiment ? Disons plutôt qu'on se retrouvait tout le temps dans les mêmes cafés, avec les mêmes gens. On avait nos QG.

Alors, c'est quoi le problème ?

Peut-être que c'est l'enracinement.

Tant qu'on était en transition, ça bougeait ! Même quand c'était le calme plat. Dans le cerveau, ça turbinait pour savoir ce qu'on allait faire de notre vie, ici. Niveau émotion, ça faisait des hauts, des bas, ça maintenait en vie. Et puis, il y avait toujours quelque chose de nouveau, qui faisait irruption dans notre quotidien.

Maintenant, on a comme l'impression d'avoir fait le tour.

Alors, on commence à envier des amis qui se sont installés ailleurs. Eux, tout près de chez eux, ils ont la mer, l'océan, une rivière, bref, quelque chose qui est sans cesse en mouvement. Les autres, ils se sont trouvé un coin de paradis pas loin d'une grande métropole. Ils ont le beurre et l'argent du beurre. Flûte ! Est-ce qu'on a mal joué ? Il y a aussi ceux qui sont à la montagne. Ah ça, c'est sûr qu'il n'y a pas mieux pour être en bonne santé, on y renouvelle ses globules là-bas. Et puis on ne s'y ennuie jamais. La montagne, elle varie tant au fil des saisons, elle nous offre du sport pour se maintenir en forme, et occuper l'esprit.

Il y a autre chose. Quand on est arrivé ici, tout avait l'air parfait, à commencer par cet enthousiasme à accueillir les uns et les autres. C'était incroyable ! Cette solidarité qui se mettait en place pour les premiers pas. Mais, elle est où l'entraide maintenant ?

Avec tout ce qu'il y a à faire de travaux chez les uns et chez les autres, si on s'y mettait tous ensemble plutôt que chacun dans son coin, c'est sûr que ce serait déjà fini. D'ailleurs, quand on est allé passer quelques jours dans une autre campagne, c'est ce qu'on a pu observer : l'entraide, chez eux, c'est au quotidien ! Tout le monde se donne des coups de main, pour faire les foins, pour couler une dalle, bricoler un petit meuble, garder un gamin. C'est tout dans la joie et dans la bonne humeur, et en avant la solidarité. Alors pourquoi, ici, on n'arrive pas à accorder nos plannings, à sortir de notre train-train, à ouvrir nos cocons, et à se réunir pour faire ensemble ? Pourquoi on nous appelle si peu, nous, pour venir aider, alors qu'on aimerait tant pouvoir le faire ? Bon, c'est vrai, on n'a aucune compétence spécifique à apporter, mais faire la petite main, on adore ! C'est peut-être moins facile à demander, remarque : « Tu viens m'aider pour rien de spécial ? Juste parce que j'en peux plus de bosser tout seul, et que ça prenne des plombes… »

Cela dit, là-bas, on y est resté combien de temps ? Une semaine ou deux, allez, un mois à tout casser, et on prétend savoir comment ça fonctionne réellement ? D'ailleurs, on fait des comparaisons en ayant un peu la mémoire courte, parce qu'ici, il y en a eu, des fois, où l'on s'est rendu à plusieurs chez les uns et chez les autres, pour faire avancer un chantier. Et d'autres fois, où l'on a pu appeler des copains à la rescousse, quand on ne savait vraiment pas faire : « Dis, le chaux-chanvre et le terre-paille, tu viens m'apprendre ? » (Si ça ne te dit rien, ne t'en fais pas, c'est sans doute que tes murs sont bien isolés, sinon renseigne-toi !) J'oublierais presque de parler de ce matin-là, où la yourte d'une amie s'est cassé la figure à cause de la tempête. Quand elle a demandé de l'aide, dix personnes ont annulé ce qu'elles avaient à faire et se sont rendues sur place au pied levé.

L'entraide à la campagne, c'est quand même autre chose qu'en ville.

Mais, c'est vrai, on pourrait faire mieux. Et si on ne le fait pas, ce n'est pas faute d'envie, mais plutôt d'organisation et de communication. Avis à la population donc : si quelqu'un a la motivation pour plancher sur le sujet, il y a encore des manières de faire à inventer !

La sensation d'avoir fait le tour, est-ce qu'elle ne vient pas aussi du fait qu'on vit dans un monde qui nous invite à toujours mieux : mieux faire, mieux vivre, mieux kiffer. Avec les coachings pour trouver le travail dont on rêve, les psychologues pour apprendre à se connaître, et toutes les autres activités qui mènent à l'épanouissement. Ce n'est pas moi qui vais dire que c'est un mal, alors que j'ai tout quitté du jour au lendemain pour embrasser l'inconnu, et trouver du sens dans mon quotidien. C'est clairement essentiel. Mais une fois qu'on a trouvé l'endroit juste, et du sens, on n'est pas forcément préparé à vivre avec. Parfois, les questions continuent de tourner dans notre tête.

Alors, c'est probablement le moment de revenir aux bases : s'émerveiller de cette nature qui nous entoure, remercier la vie des rencontres qu'on a faites, se féliciter de ce qu'on a construit jusqu'ici, profiter de notre solitude, et trouver des manières de donner au quotidien une nouvelle saveur pour cultiver la joie.

27

Ici, p*tain, c'est pas la ville !

La ville, la grande, quoi… La vraie ! Celle qui pue, contre laquelle on râle, parce qu'il y a trop de bruit, que personne n'est poli, que tout le monde tire la tronche, et se bouscule.

Ben ouais, elle me manque ! Et alors ? J'ai l'droit non ? Ça t'pose un problème ? Comment ça, les gens d'la ville sont agressifs ?

« Nan, mais, oh ! Calmos. »

C'est juste que, moi, il me faut ma dose de stress, d'adrénaline, de vie à cent à l'heure, je suis née là-dedans b*rdel !

Et mon QG, mon QG d'amour, celui où je donnais rendez-vous à ma sœur de cœur, et à mon pote de toujours. Où le serveur était tellement désagréable, qu'on s'était promis mille fois d'en changer, sans jamais y parvenir. Le problème, c'était pas uniquement le serveur d'ailleurs, mais aussi le coût de ce qu'il nous servait, et fallait voir ce qu'il y avait dans l'assiette. C'était tellement chiche qu'un jour mon amie a débarqué dans les cuisines avec son plat, et a fait le pied de grue jusqu'à ce qu'on lui en rajoute une dose.

Je l'aimais bien ce bistrot ! J'aimais nos conversations anonymes. On ne connaissait personne autour de nous, qu'est-ce qu'on en avait à faire que le mec en costard cravate à notre droite, ou que les trois petites jeunes à notre gauche, entendent parler de nos plans c*l, de nos misères au boulot, et de nos problèmes de mycose ? Rien ! Alors que les cafés, dans notre coin, ça a beau swinguer le vendredi soir, je t'assure que tu ne pourras jamais y avoir un brin d'intimité.

J'adorais aussi y aller seule. Cette fois, c'était un autre QG, celui juste en bas de chez moi. Qu'cst-ce que c'était bon, de se laisser aller à penser dans le brouhaha environnant. Ici, avant de trouver du brouhaha, il faut s'accrocher. D'autres fois, j'aimais m'installer en terrasse pour regarder les gens qui passent, capter un instant d'eux, et leur inventer une vie. Je pouvais rester des heures à faire ça. Il arrivait que j'en alpague un ou deux, et qu'on se retrouve à discuter, juste pour le plaisir d'échanger quelques mots, de se rencontrer.

Les amitiés que j'ai tissées, au fil des années, elles aussi me manquent (bien que, il faut l'avouer, la moitié des gens s'est fait la malle). Et ma famille, je n'en parle même pas. Ça a du bon d'être loin, de pouvoir mener sa vie en toute liberté, sans pression familiale, mais ça manque aussi cruellement, le clan.

« T'as pas fini de râler ? »

Tu sais ce qui me manque aussi ? La possibilité de faire un accident tout en ayant l'esprit tranquille. Tu te dis que je suis folle ? Je ne vais pas te contredire. Seulement, quand on habite au milieu de nulle part, et que les frelons viennent nous taquiner, on se demande si on n'est pas allergique, et si on l'était, si on arriverait à l'hôpital, qui est à trente minutes de la maison, assez vite pour ne pas crever. Pareil pour les accidents de la route. La médecine, ici, elle est loin. On n'appelle pas ça « le désert médical » pour rien. Mais aussi, elle est rare. Tu t'es déjà posé la question de la marche à suivre en cas d'urgence dentaire ? Non, parce qu'en ville, t'appellerais un dentiste, point barre. Même si tu n'en avais pas, tu finirais par en trouver un, s'il y avait urgence. Ici, si tu fais une rage de dents, tu peux appeler cinq dentistes d'affilée, qui vont tous te dire la même chose : « Je ne prends pas de nouveaux patients. » « Mais c'est une urgence ! » « Eh bien allez aux urgences ! » Alors tu obéis, tu t'y rends, et, surprise, on te répond que c'est booké. On te donne une adresse, celle d'un centre associatif créé par des dentistes retraités. Ils te reçoivent dans une pièce qui n'a rien d'un cabinet, avec un rideau qui sépare les deux sièges disponibles. Ils traitent l'urgence, te font cracher dans un entonnoir en plastique, puis te renvoient chez toi. Toi, t'as déjà été au Bangladesh, et là-bas, tu t'es fait soigner bien mieux que ça… Un conseil donc : prends un dentiste avant qu'il y ait urgence.

Il y a une dernière chose qui m'était chère en ville : les rencontres fugaces et inattendues.

Comme cette fois où j'ai pris le train pour me rendre à Paris. À l'arrivée, je laisse tout le monde se lever, s'agiter, faire la queue, et descendre. De mon côté, je ne suis pas si pressée. La plupart des gens partis, il ne reste plus que moi et… les vieux. Je propose à une dame âgée de porter sa valise. Une fois descendue du train, je lui demande si quelqu'un vient la chercher. Elle me répond : « Non, non, mon petit-fils vient me chercher. » Quand on est vieille (comme elle), ou sourde (comme moi), ou dans une gare bruyante (comme nous deux), ça complique les dialogues, probablement.

Après quelques minutes d'attente, personne ne se montre, alors je lui propose de tirer sa valise en direction du début du quai. De temps en temps, je lui parle, elle me répond complètement à côté. Elle aussi me dit des choses, et je hoche simplement la tête. Je ne sais pas si elle a Alzheimer, mais je ne comprends pas un mot de notre conversation. Alors simplement, nous nous sourions. Je lui dis : « Prenez votre temps pour marcher, je ne suis pas pressée. » Elle me répond : « Peut-être que vous êtes pressée, je devrais me dépêcher ! »

Au bout d'un moment, elle se fige. « Il devrait être là quand même. » Et, ne voyant pas son petit-fils, elle l'appelle. Moi j'attends, et je la regarde avec émotion. Elle est perdue sans lui. Avec son téléphone, elle est maladroite. Déjà que c'est un objet d'un autre siècle, pour elle, alors dans la précipitation, ça lui complique pas mal les choses.

Je tourne la tête à gauche, et vois un jeune homme courir vers nous. « Je crois que votre petit-fils est là. » « Non, pas du tout… Ah tiens, voilà mon petit-fils ! » Il arrive en souriant, avec ses grands yeux, du haut de son mètre quatre-vingt-dix. Je les laisse se retrouver, avec l'affection qui les lie.

Je repars de mon côté, prête à affronter les mauvaises humeurs et odeurs du métro. Je ressens une grande joie d'avoir vécu ce moment simple.

Paris est la ville des grognements, mais elle est pleine d'inattendu, si on prend le temps de s'arrêter quelques instants.

Évidemment, des petits vieux qui ont besoin que l'on prenne soin d'eux, il y en a dans ma campagne. Mais où se cachent-ils ? Certains sortent, font leurs courses, s'inscrivent à des activités, se lient aux autres. Leur élan et leur soif d'être ensemble donnent très envie qu'on prenne le temps, qu'on les écoute, qu'on apprenne d'eux. On partage aussi des éclats de rire, parce que ceux-là ont du peps. Mais les autres ? Ils sont derrière les murs épais de leurs maisons, invisibles. C'est compliqué de savoir comment leur apporter juste une étincelle dans la journée, comme avec ma petite dame du train. Et puis, il n'y a pas la magie d'une rencontre spontanée.

Voilà, Paris me manque. Alors je m'aménage des temps pour y aller. C'est ainsi que j'ai trouvé mon équilibre, j'ai compris que je ne pouvais pas me passer d'elle. Je débarque dans la famille pour quelques jours, le temps de prendre ma dose de terrasses, de pintes englouties dans le brouhaha, accoudée au bar du QG, en n'entendant que la moitié de ce que mes amis me disent. Je fais un saut chez ma gynéco (désert médical oblige, pas de rendez-vous avant « jamais » pour celles qu'on m'avait conseillées dans ma campagne).

Je me mets ce qu'il faut de pollution dans les poumons, de coups de Klaxon dans les oreilles. Je marche beaucoup, le long de la Seine, le plus souvent. Je m'émerveille, encore après tant d'années, de la beauté des monuments et des immeubles, de la paix que transmet l'eau, surtout quand vient la nuit, au milieu des lumières de la ville.

Je profite, profite, profite, mais pas plus de quelques jours. Après, j'ai besoin d'air. Au moment de repartir, je me dis que cette vie parisienne est bien trop folle ! En prime, quand le train me dépose dans ma campagne, la nature m'offre un moment de grâce qui me scotche. C'est généralement un coin de ciel enflammé par un coucher de soleil, ou teinté de couleurs irréelles par un orage à l'approche. Parfois, c'est une lumière d'automne, celle de fin d'après-midi, qui tombe en oblique sur les arbres environnants, les parant de doré. Alors, j'en suis certaine, je connais le bonheur grâce à mon trou du c*l du monde ! Jusqu'au prochain coup de blues et à la prochaine visite à la ville.

28-

Ici,

est-ce possible d'y vieillir ?

Vieillir ici ? Non, mais attends, ça, c'est si je ne me fais pas la malle avant, vers un ailleurs encore meilleur ! Ah non, c'est vrai, on a dit que la sagesse c'était de s'enraciner, une fois qu'on avait trouvé le bon endroit.

OK, c'est bien joli, mais comment je vais faire quand je ne pourrai plus conduire ? Ni monter trois marches d'escalier, tu sais, justement, les marches qu'il y a devant ma porte d'entrée. Je ne te parle même pas des toilettes sèches à vider ! C'est beau, hein, d'être écolo quand on a la jeunesse, mais bon faut pas abuser… Et puis, je vais me casser le dos à planter des légumes dans mon jardin, quand j'aurai soixante-dix ans.

« Dis donc, ma p'tite, comment tu crois qu'ils font, les vieux d'ici ? »

Ah oui, c'est vrai, tiens, y a des vieux ici ! Mais attends, c'est pas pareil. Eux, ils sont nés ici, ils ont fabriqué des enfants d'ici, qui eux-mêmes sont restés ici et peuvent s'occuper d'eux. Moi, je suis pas d'ici, j'ai pas d'enfant d'ici, j'ai même pas d'enfant tout court d'ailleurs. J'vais faire comment ?

Petit aparté. On me questionne beaucoup sur le fait que je n'ai pas d'enfant. Des questionnements qui sont utiles parfois, et d'autres dont je me passerais bien. Une question revient souvent : « Mais qui va s'occuper de toi quand tu seras vieille ? » Déjà, bonjour l'héritage pour les gosses. Ensuite, je connais plein de vieux isolés, dont personne ne s'occupe, alors qu'ils ont bel et bien des enfants. Et à l'inverse, j'ai un oncle prêtre-ouvrier, qui n'a pas d'enfant donc, mais qui a tellement donné dans sa vie (il aidait des gens qui venaient d'arriver en France à obtenir des papiers, à se loger, à trouver un travail) qu'aujourd'hui, il a bien plus de personnes pour s'occuper de lui que tous les vieux que je connais. Pour ses quatre-vingt-quinze ans, je lui ai demandé s'il allait fêter son anniversaire, il m'a répondu : « Oui, mais on va devoir faire ça en trois fois, parce qu'on est trop nombreux pour mon petit studio. » J'ai trouvé ça magique.

Bref, j'ai déjà demandé aux petits jeunes du coin, que j'aime tellement, s'ils m'apporteront la soupe quand j'aurai plus la force de la faire, ils m'ont répondu que s'ils n'étaient pas devenus youtubeurs à Los Angeles, ils étaient carrément partants. Tu vois, j'ai bon espoir ! Et si vraiment, ils sont trop occupés à faire des bêtises, je crois qu'ici on peut trouver une aide payante beaucoup plus facilement qu'en ville, et bien moins onéreuse (ben oui, « y a plus d'boulot », donc quand il y en a, il y a de la ressource…).

Alors, d'abord, vieillir ici, c'est quelque chose qu'il faut prévoir. Effectivement, les déplacements deviendront peut-être compliqués un jour. M'enfin, à la ville c'est pas beaucoup plus pratique, avec le métro et ses escaliers sans fin. Quant au bus, il y a une grande marche à franchir pour pouvoir y entrer. Pour ce point, je ne vois pas grand-chose à faire, à part des mômes, qui pourront s'occuper de moi plus tard. Oh, ça va, je plaisante. Je n'ai plus qu'à faire en sorte que ma vieillesse soit bien entourée, je crois qu'avec un peu de gentillesse et de générosité au quotidien, ça devrait aider. Concernant les trois marches qui seront peut-être de trop un jour, eh bien, il faut faire une autre entrée dans la maison, une grande porte-fenêtre de plain-pied, qui permet d'arriver en clopinant ou en fauteuil roulant. Les toilettes… Pas le choix, faut prévoir d'en installer des mouillés un jour. Il y a du pain sur la planche avant de pouvoir devenir vieux.

Quand on vieillit, ici, quels que soient les services qu'on nous rend, on a vite fait de se retrouver enfermé entre quatre murs, dans une ambiance morose (tu sais, la pluie, le temps qui passe à deux à l'heure, tout ça, tout ça). C'est pour ça que la première chose à faire, c'est de garder un potager, et tant pis si ça fait un peu mal au dos (on peut toujours appeler des plus jeunes à la rescousse, en échange de quelques citrouilles). Ça permet de prendre l'air, de garder le contact avec les voisins, et quelques passants, de profiter de la nature et de ses bienfaits, et de se maintenir en forme. Quand je fais mes balades, je croise plein de personnes âgées, avec qui j'adore discuter. Il y en a qui viennent d'ici, d'autres pas. Les premiers sont au jardin, et les seconds font des balades. Est-ce que la ville leur manque, à ces derniers ? Non, mais leurs enfants et petits-enfants, oui. Heureusement, ils se retrouvent aux vacances, ou le temps d'un week-end.

Un autre secret, c'est de s'inscrire dans la vie associative du coin. Pour l'instant, elle est foisonnante, mais je dois dire que les décisions gouvernementales et législatives des dernières années n'aident pas à la maintenir ainsi. Elle dépend également beaucoup des mairies et de leurs choix. Comment faire quand, du jour au lendemain, le maire fraîchement élu décide que la salle des fêtes ne sera plus attribuée en priorité aux associations, mais aux entreprises ou aux particuliers, qui la louent en général plus cher ? Est-ce qu'un village ou une ville a intérêt à perdre son dynamisme associatif pour quelques euros ? Il faut croire que certains répondent « oui » à cette question, et que nous avons tout intérêt à nous battre pour que ce ne soit pas le cas partout.

Tant que la vie associative existe, et pour l'aider à perdurer, il ne faut pas hésiter à y prendre des engagements. J'entends parfois des personnes âgées me parler de leur planning, qui a l'air plus rempli que celui de nos ministres. Il y a les réunions de la nouvelle boutique solidaire à préparer, le soutien scolaire auquel se joindre (tu vois, si t'as pas de petits-enfants, tu pourras t'occuper de ceux des autres), la présidence de l'association qui s'occupe des plus démunis à assurer, la radio locale à animer, et le dîner annuel de l'association du troisième âge à organiser. Ça en fait, des charges ! Mais ça a l'air de bien se passer : quand j'entends les comptes-rendus des événements, ça parle de danse jusqu'à pas d'heure, et de fous rires au milieu de la piste. J'ai l'impression que certains vieux font bien plus la fête que nous, dans le coin !

Ici, j'ai plusieurs idéaux de « vieillesse », des femmes que j'admire. À l'une d'elles, je dis souvent : « Je voudrais être comme toi au même âge ! » Elle rougit, et éclate de rire. Sa vie n'a pas été facile, parce que les personnes qui ont accompagné son chemin lui ont fait vivre des misères. Aujourd'hui, elle est seule, et si heureuse de l'être ! Elle se sent libre, enfin. Lorsqu'elle me fait partager son vécu, et la manière dont elle s'est libérée de ce qui la contraignait (les personnes, comme les idées), je suis émue de voir que l'on peut être capable de faire un tel chemin, à cet âge.

Elle, elle est dans tous les coups. Un atelier de cuisine partagée se met en place, elle y vient. Un cours de danse traditionnelle s'ouvre, elle s'y inscrit (jusqu'à ce que son médecin lui dise qu'il faudrait penser à ralentir un peu la cadence, quand même). La gym du lundi, elle y participe (« Oh, docteur, faut bien se maintenir en forme ! »). Bien sûr, elle s'occupe aussi de son jardin. C'est un des plus beaux que je connaisse. Elle y invite régulièrement des plus jeunes à déjeuner, ou alors elle leur apprend à s'occuper de leurs arbres, de leurs fleurs et de leurs plantes. Elle est toujours fourrée dans les locaux de l'association du coin, que j'adore aussi. Elle y a monté un club de bridge. C'est d'ailleurs dans ces locaux que nous nous sommes rencontrées, elle s'y est fait des amis, de son âge ou plus jeunes qu'elle, avec qui elle part même en vacances. Lorsqu'elle s'en va dans sa famille, elle utilise le covoiturage (tu connais beaucoup de personnes âgées qui font ça ? Moi pas !). Quand elle vient à un événement, elle discute avec tout le monde, même ceux qu'elle ne connaît pas. Bref, quand je la regarde, je me dis que vieillir ici est une des meilleures choses qui puissent arriver.

29-

Ici, le coronavirus va-t-il tout modifier ?

À l'instant où j'écris ces lignes, nous sommes en novembre 2020. Après un confinement vécu au printemps à un niveau mondial, l'Europe se reconfine (et le Québec n'est pas en reste), avec plus ou moins de souplesse selon les pays. Nous sommes face à une situation qui crée beaucoup de dégâts, aux niveaux sanitaire, économique et psychologique.

Je ne vais pas te faire croire que je suis devin, surtout dans une période où l'incertain prédomine. Simplement, l'autre jour, une amie m'a lancé : « De toute façon, tout ça, ça ne change rien pour vous, dans votre coin paumé, n'est-ce pas ? » Je me suis donc dit que toi aussi tu pouvais te poser la question, et qu'il valait mieux essayer d'y répondre, tant bien que mal.

D'abord, effectivement, en étant à la campagne, nous sommes extrêmement privilégiés. La nature nous entoure, quoi qu'il arrive. On peut la respirer, la choyer, s'y réfugier. Notre chez-nous est si grand et il y a tant à faire, qu'il y a de quoi s'occuper des mois durant. Dans les rues où l'on circule, comme tu l'as compris tout au long de ce livre, il n'y a pas grand monde, et donc nous portons le masque beaucoup moins souvent. La foule n'existe pas, le métro non plus, forcément, le virus circule moins.

À part ça, les gens souffrent de la situation, comme ailleurs. Psychologiquement, sanitairement, économiquement. La famille est loin, pour beaucoup, et c'est difficile de la voir si peu. La ville aussi manque, quand elle faisait partie de l'équilibre ville-campagne. Certains se foutent sur la gueule, parce que c'est l'époque… On n'a rien trouvé de mieux à faire que de se diviser autour de ce qui nous arrive, et de la manière dont c'est géré par ceux qui nous gouvernent. Il y a les pro-masques, les anti-masques, les gens qui doutent. Et puis, au milieu de tout ça, il y a toi. Toi qui ne sais plus très bien dans quels endroits aller, qui fréquenter, en fonction de tes valeurs, de tes croyances. La liste des gens avec qui « on n'est pas d'accord sur tout » s'allonge un peu. Mais de nouveau, l'important, c'est de rester d'accord sur une chose : bien s'aimer et bien s'entendre.

Côté boulot aussi, on souffre, évidemment. Certains ont peur de se faire licencier, parce que leur entreprise va mal. Les associations, dont je te parlais précédemment, font tout ce qu'elles peuvent pour continuer leurs activités, certaines y parviennent, d'autres pas, et on ne sait pas ce qu'elles vont devenir. *Idem* pour les cafés, les bars, les lieux qui programment des événements artistiques. Ils sont en danger. On en voit qui se réinventent à chaque nouvelle mesure (mais parfois leur moral y passe) : puisqu'on a de l'espace, ils le prennent ! Le bar n'est plus à l'intérieur, mais dans le jardin, et tant qu'à faire, on ne vend plus juste des bières, mais aussi des saucisses au barbecue. Il pleut ? Pas grave, on fait service parapluie. En prévision de l'hiver ? On installe une grande tente ! Ah non, finalement, il faut fermer. Fatigué, vous avez dit ?

Tu te souviens, au début du livre, quand je te disais : « Tu peux venir construire de belles choses, il y a la place ici » ?

Déjà, j'avais pas prévu que « tu » serais si nombreux. Voilà une chose qui change avec le coronavirus : l'exode urbain prend de l'ampleur, et, conséquence directe, les prix de l'immobilier grimpent Autrement dit, si t'as vraiment envie de venir, il faut pas traîner. Si t'as lu ce livre en entier, t'es à même de redorer l'image des citadins, et tu sais quoi ? C'est le moment ! Parce que certains ruraux avaient déjà l'impression d'être envahis par les barbares, mais là, le sentiment devient plus prononcé.

Quant au fait de construire de belles choses… Je ne sais pas ce qui est encore possible aujourd'hui. Mais demain ? Tu sais, c'est pas comme si la campagne n'avait pas l'habitude d'être sinistrée… physiquement, mais aussi moralement. Si d'aventure celles et ceux, d'ici et d'ailleurs, qui se sont appliqués à remettre de l'entrain depuis l'exode rural, perdaient tout (et j'espère de tout cœur que ça n'arrivera pas, que les lieux, les initiatives artistiques et solidaires, les associations, arriveront à se maintenir, mais si ce n'était pas le cas…), alors ils seront peut-être trop épuisés et dépités pour continuer à y croire. Il faudra être présents, pour les y aider ou pour prendre la relève. Plus que jamais, on aura besoin d'être nombreux pour bâtir. Avec quels sous on fera ça ? Comment on s'y prendra ? Je n'en ai aucune idée, c'est l'inconnu… Ce que je sais, c'est qu'apprendre à se débrouiller avec pas grand-chose, ici, on sait faire. C'est que faire différemment, ici, on apprend à faire (comme je t'ai dit, on n'est pas encore au top… il va falloir redoubler de patience, de confiance, d'humilité, de dialogue). Oh, je ne dis pas que tout serait simple, mais j'ai la sensation que ça le serait plus qu'en ville.

Voilà, je m'arrête là, c'était un petit aparté, pour te dire que, malgré ce merdier (et peut-être, pour toi : du fait de ce merdier), on t'attend.

30-

Ici.

C'est ici que je me suis rencontrée

Alors nous y voilà, au mot de la fin. Un livre c'est une longue aventure pour la personne qui l'écrit, ce moment est toujours émouvant. Il le sera peut-être aussi pour toi, s'il est synonyme d'un début de rêve qui prend racine : « Et si… Et si j'osais le faire ? »

Soyons sérieux !

Tu veux *vraiment* habiter à la campagne ?! Alors vas-y ! Saute le pas.

On est là, on se charge de te réceptionner. Bon, je ne dois pas te le redire, hein, t'as compris que malgré toute la solidarité que tu trouveras, tu seras aussi face à toi-même ?

Ce livre, j'y pense depuis que j'ai débarqué il y a bientôt quatre ans, mais j'ai longuement hésité à l'écrire. J'avais peur. Peur qu'il t'empêche de venir d'abord. C'est vrai ! Moi, si on m'avait dit toutes les petites bêtes que je croiserais ici, toutes les galères que je traverserais, cela m'aurait peut-être mis trop de doutes en tête. J'étais une Parisienne, tout ce qu'il y a de plus parisienne. J'avais peur des araignées (je n'en reviens pas de dormir avec une araignée sur ma table de nuit aujourd'hui, et de lui dire bonne nuit avant d'éteindre la lumière), j'étais une petite nature fragile physiquement (c'est toujours le cas, mais visiblement, je survis), j'étais une angoissée (ah, tiens, ça non plus, ça n'a pas changé). Et pourtant, je suis là !

Je me demandais aussi si ça te gâcherait le plaisir, de connaître à l'avance les découvertes que tu allais pouvoir faire. Mais de toute façon, je ne te l'apprends pas, ces moments se vivent, et c'est pour cette raison qu'ils garderont leur intensité. Et puis, je crois que la plus belle découverte à réaliser dans cette aventure, c'est celle que tu feras de toi. Donc si je peux te donner un dernier conseil : quand tu auras refermé ce livre, oublie tout ce que j'ai dit. Et écoute-toi.

Mon autre peur, c'était, tout au contraire, que tout le monde débarque. J'imaginais : si mon livre cartonne, qu'il fait rêver un trop grand nombre de citadins, qu'on les voit arriver du jour au lendemain, faisant flamber les prix de l'immobilier, fragilisant l'équilibre précaire qu'on s'est créé ici, nous, les néoruraux et les ruraux, j'aurais mis un beau bazar ! J'ai patienté. Discuté, pour avoir d'autres points de vue, depuis notre société secrète de la campagne. Cette société qui vit en autarcie dans son trou paumé, toujours en liesse, pendant que le reste du monde pense qu'il n'y a rien à y faire.

Un jour, j'ai compris que le sujet était de toute façon à la mode, et que des gens s'en empareraient. Alors j'ai eu envie de faire entendre ma voix. Pour dire : « Oui, il y a de quoi être surpris par la vie qui existe ici, par les initiatives qui foisonnent, mais non, tout n'est pas rose. Non, ce n'est pas une bonne idée d'arriver en conquérant. Oui, parfois le doute se fait sentir. » Si les citadins devaient rappliquer en masse, j'avais envie qu'ils le fassent en douceur, avec respect, pour eux, pour les autres, pour la campagne, pour le vivant.

J'avais envie d'écrire ce livre que tu tiens entre les mains, aussi, pour ceux qui me connaissent par ailleurs : les lecteurs et lectrices d'*Embrasser l'inconnu,* qui raconte comment j'ai tout quitté, et comment j'ai finalement atterri en pleine campagne, après avoir voyagé un an et demi en quête de sens, et à la rencontre des autres, dans des colocations à l'étranger, et dans un ancien camion de pompier aménagé. Je reçois de nombreux petits mots, qui me remercient d'avoir partagé cette expérience, et qui me demandent comment ça se passe aujourd'hui. Ces personnes appellent ma maison « La maison du bonheur » (ici, j'ai plutôt l'impression de t'avoir donné le côté « maison hantée »), et beaucoup voudraient que je leur décrive ce qu'est le pur bonheur, celui qui dure. La vérité, c'est que je n'en sais rien. Comment pourrais-je le savoir ? Je ne suis qu'une humaine, qui s'est lancée dans une aventure.

Il y a une chose, cependant, dont je suis sûre.

Ici, je me suis rencontrée. Et mon cœur me dit qu'il peut t'arriver la même chose.

À condition d'y aller pas à pas, de faire des apprentissages, de ne pas rebrousser chemin dès que tu te casseras la figure (car il va y en avoir, des chutes).

Des années durant, quand j'habitais à Paris, j'ai cherché à revenir aux sources. Celles de l'enfance… Quand je courais dans la prairie près de chez moi, que je m'allongeais sur l'herbe pour écouter les oiseaux (aujourd'hui encore, le chant du rossignol au printemps me ramène à cette période). Quand j'écrivais des poèmes et des histoires, que ma grand-mère rangeait précieusement dans un classeur. Quand j'avais soif d'idéal, de justice et d'entraide, que je ne comprenais pas que certains soient laissés de côté, et que je voulais aider pour que ce ne soit pas le cas.

Je voulais retrouver tout cela, mais je n'y parvenais pas. Chaque matin avant le travail, je me rendais dans un café, un de mes fameux QG, j'ouvrais mon cahier, et je m'appliquais à remplir des pages. De courtes nouvelles en sortaient, la plupart du temps. J'avais en tête un roman, mais je ne m'y suis jamais attelée. Ce projet me paraissait trop grand, et moi, j'étais trop petite. Au fil des jours, mon écriture s'aiguisait, mais les histoires, elles, ne prenaient pas d'ampleur. Tout restait à l'état embryonnaire. Je me sentais enfermée dans la ville et dans les métiers que j'y exerçais. L'évidence me sautait aux yeux de plus en plus : je ne pouvais pas déployer mes ailes, puisque le quotidien me les coupait.

Je ne parvenais pas non plus à me réfugier dans la nature. Je circulais pourtant à vélo, et cela m'apportait un grand réconfort, mais j'étais toujours en quête d'une paix difficile à trouver, d'une verdure qui peinait à côtoyer la pierre et le béton. Dans les quelques espaces qui lui étaient réservés, il y avait tant de monde, que trouver la tranquillité, et un peu de soi, était vain.

Quant à mes désirs de justice, je ne voyais pas comment consommer sans faire de mal, au quotidien, comment lutter par mes actes sans me ruiner.

Alors, je suis partie, sans savoir où j'allais. Si l'on m'avait dit que je m'installerais à la campagne à la fin de ce voyage, j'aurais ri à gorge déployée. Cette hypothèse était inenvisageable ! Moi, la Parisienne, dans le trou du c*l du monde ?

Je ne vais pas refaire tout le voyage que je décris dans *Embrasser l'inconnu,* mais je dois dire que c'est lui qui m'a aidée à désapprendre, à oublier mes idées reçues, à m'autoriser. Et à m'installer « ici » en bout de course.

Mais une fois ici, que faire de ce dénuement ?

Eh bien, j'ai décidé de repartir de l'enfance. J'avais soif de justice, de nature, d'écriture, c'est donc ces pistes que j'ai commencé à explorer, sans savoir où elles me mèneraient.

Ici, au sein de mon association favorite, on m'a fait confiance pour cocréer un spectacle, avec l'un des salariés et six adolescentes, sur les femmes et ce qu'elles osent accomplir, lorsqu'on érige des barrières devant elles. Ce spectacle a été joué dans des maisons de retraite, des centres sociaux, des collèges. Le bonheur, quand les vieux se sont mis à parler de leur adolescence ! « À notre époque, il n'y a jamais eu de différence entre les filles et les garçons. Par exemple, nous allions tous au bal. Les filles étaient chaperonnées par leurs mères, évidemment… » Et quand les adolescents des quartiers dits « sensibles » ont pu prendre la parole, sur la manière dont les filles sont traitées. Quand des collégiens ont décrété que, dès lundi, ils mettraient un panneau dans la cour pour dire expressément que les filles ont le droit de jouer au foot. Quand d'autres se sont mis à soutenir un ami, qui a arrêté la danse, parce qu'il était moqué. J'assouvissais peu à peu mon désir d'entraide et de justice. À Paris, j'avais rêvé qu'on me confie des missions comme celle-ci. Ici, c'est arrivé naturellement (enfin, parce que je me suis bougée dans tous les sens, je dois être honnête, mais tout comme je le faisais auparavant, sans jamais avoir le même résultat). Nous avons même eu la reconnaissance de l'autrice du livre dont notre spectacle s'était inspiré : *Les Culottées,* de Pénélope Bagieu.

La nature… Je crois que je suis ceinture blanche en nature. Mon compagnon, lui, passe ses journées dehors. Mes copains qui font du maraîchage, aussi. Ceux qui s'occupent bien de leurs travaux, de leurs poules ou de leur potager, presque tout autant. Moi, j'ai souvent le nez collé à mon ordinateur pour écrire. Malgré ça, j'ai l'impression d'avoir fait entrer la nature dans ma vie. Le matin, quand j'ouvre mes volets, je prends le temps de regarder l'horizon. Il n'y a pas un jour sans que je me réjouisse de ce que je vois. Observer les oiseaux, sentir le vent, toucher un arbre, m'apporte du réconfort dans les moments d'angoisse. Ma marche quotidienne est précieuse. Parfois, quand je suis triste ou énervée, je me dis : « Va marcher, tu décideras après comment tu te sens aujourd'hui. » C'est comme si j'avais rendez-vous avec la nature. Je vais la retrouver, je l'observe, je l'étreins, je m'ouvre à elle. Elle m'apaise, calme mes doutes, m'insuffle l'énergie, me donne envie d'y croire : à ce que l'on construit ici, mon compagnon et moi, à ce que je construis moi, dans ma vie.

L'écriture notamment… Ici, j'ai réussi à écrire mon premier livre, alors que je doutais en être un jour capable, alors que nulle part ailleurs je n'y étais parvenue. C'est sans doute peu de chose, parce que des livres, des tas de gens en écrivent. Mais c'est le rêve de toute ma vie, et c'est parce que j'habite dans un trou paumé que j'ai pu envisager de m'y consacrer pleinement. Imagine tout ce que l'on pourrait accomplir collectivement, si chacun pouvait se consacrer pleinement à ce qui l'anime ! Je suis persuadée que nous avons tous un élan particulier, et que, si celui-ci n'était pas freiné par la question : « Comment cet élan va-t-il me nourrir et me loger ? », il nous mènerait là où l'on souhaite. Vivre à la campagne, ça ne veut pas dire que la question des revenus disparaît, mais elle est largement amoindrie. J'ai pu composer avec le revenu minimum français dans les premiers temps de mon installation, ce qui aurait été impossible en restant en ville, où la vie est beaucoup plus chère. Aujourd'hui, je vis de mes livres. Pas parce que je suis best-seller, mais parce que je suis campagnarde et décroissante.

Tant que je n'avais pas la possibilité financière de me consacrer entièrement à l'écriture, je pouvais encore me raconter que j'en serais capable. Je n'avais pas à affronter mon rêve, ni la page blanche, les pannes d'imagination, les grands doutes qui nous traversent. Je ne pouvais pas échouer, j'étais à l'abri.

Je crois que c'est cela aussi, se rencontrer : se confronter à ses élans. Voir ce qu'on a au fond du ventre, aller chercher la confiance nécessaire.

Ici, ce n'est pas un monde à part, pas un monde où l'on vit entre parenthèses, c'est un univers bien réel, mais régi par des règles différentes de celles de la ville. Peut-être même qu'on peut les inventer. Pas toutes, mais un nombre suffisant pour aller explorer ce que nous sommes et le monde que nous avons envie de bâtir pour nos enfants. Tu vois, je n'ai pas d'enfant, mais le sentiment est fort ancré en moi, que c'est bien pour eux tous que l'on construit le monde d'aujourd'hui.

À propos d'enfant, j'en ai découvert une ces dernières années, celle que j'étais petite. Depuis que je me suis lancée vers l'inconnu, je lui parle. Avant, j'avais oublié qu'elle existait. Quand je suis en colère ou que je pleure, j'ai l'impression que ce sont ses larmes à elle qui viennent. J'apprends à la consoler, à l'écouter et, ainsi, à ne pas la laisser me submerger. Je lui donne sa juste place. Sans doute, il n'est pas nécessaire d'être en pleine campagne pour faire ça. Moi, j'en ai eu besoin. De ce temps, qui paraît parfois long, de ce silence, qui pourrait être pesant, de cette paix alentour. Pour renouer avec elle. Maintenant, je m'applique à discuter avec la femme qui est en moi. C'est tout un programme !

Je n'habite pas dans un endroit parfait, au sein d'une maison parfaite, qui abriterait un foyer parfait, vivant le bonheur parfait. Tout est imparfait, ici, mais cela me ressemble.

Je te souhaite donc, à toi, que je porte déjà dans mon cœur, parce que l'on vient de passer quelque deux cents pages ensemble, de te lancer en quête de ta campagne imparfaite, et du bonheur imparfait qui t'y attend. Bonne chance, et belles retrouvailles… avec la nature, avec les autres, et avec toi-même !

Remerciements

Merci à toi d'avoir choisi ce livre pour accompagner ton élan vers la campagne.

Merci du fond du cœur aux Éditions Jouvence, une maison où je me suis sentie accueillie et entourée. Depuis 2017, ce livre sommeillait en moi, mais s'il existe aujourd'hui c'est parce que Charlène Guinoiseau Ferré, mon éditrice, l'a fait éclore avec un cœur et un esprit grands ouverts, ainsi qu'une patience à toute épreuve. Merci pour leur engagement, leur travail et leur gentillesse à Lisa Schneider, mon éditrice également, à Audrey Bachmann, Aude Blin, Virginie Cauchy, grâce à qui ce livre ressemble à ce qu'il est, ainsi qu'à Sophie Gauthier, Camille Grosjean, Aurore Tinseau, et toutes les personnes qui œuvrent pour que le livre voyage jusqu'à vous. Merci, enfin, à Charlotte Thomas d'avoir donné vie à cette couverture.

Une pensée à Lola, qui joue les entremetteuses depuis son étoile joyeuse, pour la rencontre avec Charlène, ainsi qu'à Delphine, Sandra et Paul-Marie, qui créent le lien ici-bas.

Merci aux libraires qui travaillent avec passion et m'apportent leur soutien.

Une bise à Odette, une poulette qui a traversé mon cœur un matin d'automne.

Merci pour leur relecture avisée ou leurs précieux conseils à Christine, Agnès, Philippe, Julie, Delphine, Anne, Jérôme, Zoé, Martine, Hélène et Annabelle.

Merci à tous ceux qui nous ont accueillis à notre arrivée, à nos voisins et amis, et plus particulièrement à mon association favorite qui se reconnaîtra, ainsi qu'à nos deux boulangers préférés et leurs trois enfants (« Tu t'rends pas compte ! »).

Merci à Philippe pour le monde que l'on s'invente ici, notre petit carré d'utopie.

Biographie

Après une vie parisienne bien rangée, **Aurélie Delahaye** a décidé de remettre ses rêves au cœur de son existence : écrire, être libre et rendre le monde un peu plus beau, que ce soit en partageant un sourire, un moment d'écoute ou en créant du lien, à soi et aux autres.

En 2015, elle a tout quitté et s'est lancée dans l'aventure *Ordinary Happy People* : elle n'avait aucun plan, si ce n'est celui de suivre son instinct au fil des rencontres. C'est ainsi qu'elle a vécu dans diverses colocations à travers l'Europe puis a embarqué, en mars 2016, dans un ancien camion de pompier aménagé du nom de Ramdam, dans lequel elle a parcouru une bonne partie de la France.

Après ce long voyage, elle s'est improvisée campagnarde et se consacre désormais à l'écriture dans son coin de verdure. Dans ce livre, elle s'adresse à celles et ceux qui aimeraient aussi faire le grand saut, en faisant lumière sur ce qu'est réellement la vie à la campagne de nos jours, pour qui n'y a jamais vécu, mais en rêve.

Elle est l'autrice d'*Embrasser l'inconnu* (Éditions Anne Carrière 2019, Éditions Pocket 2020), et de *Donne-moi la main Menino* (Éditions Anne Carrière 2020). *Tu veux vraiment t'installer à la campagne ?!* est son premier ouvrage aux Éditions Jouvence.

TARA SCHUSTER
Achète-toi toi-même ces p tains de fleurs
GRAND PRIX BIEN-ÊTRE marie france
Déjà 100 000 lecteurs conquis
#sans filtre
des Éditions Jouvence

Tara Schuster

*Achète-toi toi-même ces p*tains de fleurs*

Et autres rituels pour prendre sa vie en main.
Par quelqu'un qui est passé par là.

Proche de la trentaine, Tara Schuster avait un poste de rêve : directrice d'émissions télévisées d'une chaîne convoitée, elle avait accumulé les succès retentissants. En apparence, elle semblait maîtriser tous les aspects de sa vie. Mais **derrière cette réussite manifeste se cachait un être complètement déboussolé** et souffrant d'anxiété chronique. Tout le monde ignorait que son parcours, jusqu'à l'âge adulte, avait été émaillé d'épisodes de dépression, d'anxiété et de honte. Ce n'est qu'après avoir découvert sur son répondeur les messages paniqués de sa thérapeute à la suite d'une folle nuit d'ivresse que Tara prend conscience d'avoir touché le fond. À travers **ce guide pratique, hilarant et d'une franchise bouleversante**, suivez l'histoire de la rééducation personnelle de Tara (mais aussi la vôtre ?), devenue une « ninja de l'amour de soi ».

464 pages • 22,90 €

Dr Yael ADLER
répond à toutes vos questions !
STOP
aux tabous
corporels !
ÇA NE SE FAIT PAS
D'EN PARLER
150 000 lecteurs
déjà conquis
#sans
filtre
des Éditions Jouvence

Dr Yael Adler

Ça ne se fait pas d'en parler

Stop aux tabous corporels !

Odeurs corporelles, problèmes intestinaux, hémorroïdes, maladies sexuellement transmissibles, verrues et gargouillis… Nous sommes tous et toutes concerné(e)s ! Ainsi, **c'est sans détour et sans complexe que le médecin Yael Adler explique les problèmes de santé les plus tabous rencontrés par chacun d'entre nous**. Si le style employé, souvent imagé et parfois truculent, prête à rire, les sujets sont traités avec le plus grand des sérieux. Et d'anecdotes issues de l'expérience personnelle et professionnelle de l'auteure en propos théoriques, nous voilà entraînés dans un tourbillon de réponses aux questions que l'on n'ose jamais poser.

432 pages • 22,90 €

JEAN-LOUIS DUFLOUX
LES CHRONIQUES DE
DOUBLE-CLIC
QUAND PARKINSON ÉTONNE, DÉTONNE, BOUILLONNE, PASSIONNE...
« LE LIVRE INDISPENSABLE POUR FAIRE UN PIED DE NEZ AUX ÉPREUVES DE LA VIE ! »
Dr Carine KARACHI, Professeure en neurochirurgie à l'hôpital de la Pitié-Salpêtrière
#sans filtre
des Éditions Jouvence

RUBY ELLIOT
RUBYETC
ÇA VA MERVEILLEUSEMENT BIEN
La vie est compliquée du coup je l'ai dessinée
Si vous avez l'impression qu'un rouleau compresseur a aplati toute votre existence…
Ce livre est fait pour vous !
@rubyetc_ : 300 000 followers
#sans filtre

Ruby Elliot

Ça va merveilleusement bien

La vie est compliquée, du coup je l'ai dessinée.

Perte d'estime de soi, troubles alimentaires, anorexie, anxiété, autosabotage, détresse émotionnelle et, bien sûr, dépression… la vie peut s'avérer compliquée alors Ruby Elliot, **célèbre illustratrice** anglaise ayant traversé tout cela, a préféré la dessiner. Pour elle, bien sûr, mais surtout pour ceux qui, comme elle, savent ce que c'est que de rester (ou de voir un proche rester) échoué sur un canapé en pyjama (sale), ne sortant qu'au bout de quelques jours pour acheter du papier toilette.

Ruby illustre **avec humour et noirceur** sa tentative quotidienne d'être quelqu'un de bien alors qu'elle se sent au fond du trou. C'est **drôle, corrosif, extrêmement touchant**, et cela fait réfléchir sur la vie en la dédramatisant.

256 pages • 18,90 €

Dépôt légal : mars 2021
Achevé d'imprimer par Nørhaven en février 2021
Imprimé au Danemark